Les Enseignements de l'Esprit

Reçus par Regina Dawn Akers
Présentés par Laurent Élie Lévy

Messages reçus par Regina Dawn Akers
À l'attention de Laurent Élie Lévy et d'elle-même
Entre septembre 2007 et avril 2008.

Contenu

Introduction de Régina

J'étais la scribe de l'*Interprétation du Nouveau Testament par le Saint-Esprit* (*INT*).

INT ne vient pas de moi. Il m'*est* venu, *à travers moi*, d'une sagesse intérieure que l'on nomme souvent le Saint-Esprit. J'étais l'étudiante. *INT* était mon enseignant.

INT a été pour moi une extraordinaire bénédiction. *INT* m'a transformé. Quand *INT* fut terminée et que je l'ai envoyée à l'éditeur, j'ai dit une prière de gratitude, qui exprimait à peu près ceci : « Merci, merci, merci pour cette opportunité d'avoir écrit *INT*. Je suis si reconnaissante du cadeau que c'était. Ceci dit, je ne veux pas que l'expérience de transformation s'arrête maintenant. S'il vous plaît, envoyez-moi quelque chose qui m'élèvera encore plus dans l'amour ! »

Environ deux semaines plus tard, alors que je participais à une conférence dans le New Hampshire, j'ai rencontré Laurent Élie Levy. Peu après l'avoir vu, j'ai ressenti une attirance que je ne pouvais expliquer. Ce n'était pas une attraction romantique ou physique. C'était plus un sentiment fort que *je devais être avec lui*.

Quelques mois après notre rencontre dans le New Hampshire, Laurent est venu me rejoindre chez moi, dans ma maison de Caroline du Nord. Il était là de la mi-aout 2007 jusqu'en décembre 2008, même s'il retournait à Paris de temps en temps. Laurent et moi nous sommes rejoints par la bonne volonté dans l'objectif de nous éveiller du rêve illusoire de l'ego. Pendant que nous étions ensemble, j'en suis venue à voir et à lâcher les fausses croyances et les attachements qui formaient mon conditionnement égotique de base. C'était une période de purification intense, et depuis lors, je suis restée libre des conditionnements qui fabriquaient qui je pensais être avant cela.

Comment cette magnifique épuration est-elle venue ? Vous avez peut-être déjà entendu parler de cet enseignement de l'Advaita qui dit qu'une épine est parfois nécessaire pour en retirer une autre. Dans cette relation, j'étais l'épine de Laurent et il était la mienne. Grâce à un merveilleux mélange de conflits et d'amour bienveillant, Laurent et moi nous sommes ouverts à recevoir des enseignements qui venaient de la même sagesse intérieure qui a produit *INT*, puis nous avons mis en pratique de tout notre cœur ce que ces messages nous ont enseigné.

Même s'il semble y avoir des histoires humaines différentes dans ce grand rêve que nous vivons, chacune de ces histoires a pour base les mêmes erreurs de perceptions. Ainsi, les messages qui m'ont aidée peuvent aussi vous aider.

Si vous êtes prêts à vous libérer des conditionnements qui sont la cause de la souffrance, je vous recommande de lire ces messages lentement et plusieurs fois. Contemplez-les. Discernez les pratiques vers lesquelles ils pointent, puis mettez-les en pratique avec tout votre cœur.

Si votre expérience est identique à la mienne, vous aurez certainement plusieurs mois de pratique intense, à mesure que vous appliquerez la sagesse de ces messages à votre quotidien. Cependant, une fois que votre conditionnement habituel aura été vu, traversé et relâché, vous connaîtrez une joie et une liberté qui n'étaient pas imaginables jusque-là.

En d'autres termes, ça vaut le coup de s'y consacrer.

Avec Grand Amour,
Régina Dawn Akers

Introduction de Laurent

J'ai rencontré Régina tout d'abord via son site internet, qu'un bon ami de l'époque m'avait grandement conseillé. Dès que j'ai commencé à lire quelques extraits de son *Interprétation du Nouveau Testament par le Saint-Esprit* (INT), j'ai tout de suite reconnu cette Lumière qui m'avait ébloui et retourné quelques années auparavant. J'ai voulu de suite la rencontrer. Je lui ai écrit et confié mes expériences et peines du moment. Elle me répondit aussitôt qu'elle avait donné mes mots à son Enseignant intérieur, le *Saint-Esprit*, comme elle l'appelait, qui lui avait dicté un message pour moi. C'est le tout premier de la série que nous vous présentons ici *Le Travail de Guérison*.

Quand quelques mois plus tard j'allais la rejoindre aux États-Unis, la Voix est venue de nouveau nous donner un enseignement sur mesure, nous guidant et nous aidant dans notre objectif commun de nous éveiller de ce rêve de peur et de séparation.

Tous ces messages, nous les avons vécus, intégrés ensemble, et les avons partagés aussi, à tous les amis qui nous suivaient. De mon côté, je les traduisais en français, au fur et à mesure que nous les recevions, et les partageais à mes amis en France, par web-conférences.

Comme l'a écrit Régina, ces messages sont truffés de Lumière. Je vous invite aussi à les lire lentement, à intégrer cette façon de penser qui est si profonde, large et aimante. Elle est déjà en nous, dans nos cœurs, et ne demande qu'à s'exprimer, pour transformer littéralement notre expérience du monde.

Si vous lisez ces mots et sentez en vous cet appel à vivre depuis votre véritable identité, cet enseignement travaillera en vous comme une force de révélation et d'intégration très puissante.

Je suis très reconnaissant et empli d'amour pour mon amie Régina, sans qui ma vie serait bien différente aujourd'hui.

Avec tout mon amour,
Laurent Élie Levy

Notes de traduction

J'ai traduit ces messages avec l'aide précieuse de mon ami Dominique Anglesio que je remercie de tout cœur. C'est ensemble que nous avons aussi traduit *L'Interprétation du Nouveau Testament par le Saint-Esprit*, reçu par Régina, *INT*.

Il fallait faire des choix dans la traduction, bien sûr.

– Tout d'abord, le *Saint-Esprit*, ou la voix qui dicte ces messages, s'adressait à Régina et à Laurent. Parfois à Régina directement, parfois à Laurent directement, mais toujours à tous les deux. Ainsi, nous avons adapté au mieux nos choix d'utiliser tantôt le féminin et tantôt le masculin.

– En anglais, *You* est à la fois « toi » et « vous ». Même si parfois le pronom est singulier, et le message paraît personnel, il ne l'est pas vraiment. L'Esprit ne voit pas plusieurs personnes à qui il s'adresse. C'est paradoxal de premier abord, mais nous sommes un seul esprit qui rêve de séparation. Dans son rêve, il est multiple et différent. À mesure que ces messages pénètrent en nous, nous nous rendons compte que nous sommes UN seul.
Nous avons opté pour le « tu » la plupart du temps.

Plusieurs termes utilisés en anglais reviennent souvent dans ces messages. Ils ne sont pas aussi fluides en français :

– *Let go* que nous avons traduit par « lâcher-prise », « laisser-aller », ou « abandonner ».

– *Guidance* qui est devenu « Guidance » ou « Inspiration ».

– *Know* qui est parfois « savoir », et parfois « connaître ».

– *Thinking mind* que nous avons traduit par « esprit », « mental » ou « pensée ».

– *Self* : « Soi », « Moi », « Toi »... dans le sens de *Qui nous sommes vraiment*.

– *Will for* : littéralement « vouloir pour » ou « désirer pour »... ce qui est un grand point de cet enseignement et que nous avons traduit par « Orienter sa volonté ».

– *Rest* : « poser », « détendre », « relaxer » l'esprit et l'intellect.

– *Flow* est devenu « flux », dans le sens de « courant », le mouvement de la totalité.

LES ENSEIGNEMENTS DE L'ESPRIT

« *Car là où deux ou trois sont rassemblés en Mon Nom,*
Je suis au milieu d'eux. »

Matthieu, 18-20

Le travail de guérison

Saint-Esprit : Le travail de guérison de l'esprit est un travail conscient parce que l'ego opère dans le domaine du conscient.

L'expérience que tu as eue est une percée... une percée de lumière dans une conscience d'obscurité. C'est une expérience qui t'est venue par ton propre désir, ta bonne volonté, car elle n'aurait jamais pu se produire autrement. Mais comme tu n'as pas encore désiré lâcher complètement l'obscurité, l'expérience ne pouvait être que temporaire. *Tu dois faire l'expérience de tout ce qui se trouve dans ton esprit, parce que tu as voulu qu'il y soit pour en faire l'expérience.*

Si tu veux revenir à la lumière de façon permanente, tu dois avoir le désir de renoncer à toute expérience autre que la lumière. Et ceci exige davantage qu'un simple souhait. À un niveau conscient, cela exige du travail : l'acte mental de le vouloir constamment.

L'obstacle qui empêche de faire ce travail est la peur, mais celle-ci est en quelque sorte une plaisanterie quand on la regarde depuis la perspective de la lumière. En fait, la peur n'est rien en soi ; aussi ne peut-elle constituer un obstacle réel. La peur est simplement une pensée dans l'esprit et on peut l'écarter grâce à la bonne volonté.

Le travail peut aussi être appelé « décision de foi ». Tu observes les pensées qui se trouvent dans l'esprit et tu te demandes : « Cette pensée est-elle la lumière, l'amour et la joie que je recherche ? » Si la réponse est non, tu dois la laisser passer, par une décision de foi. Tu prends la décision de ne pas y croire et de ne pas l'écouter en sachant avec foi que cette pensée n'est pas vraie. Ça peut paraître difficile au début, parce que certaines pensées peuvent te sembler très vraies ; c'est pour ça que J'appelle cela un travail, et c'est aussi pour cela que Je dis qu'on le fait par la foi.

Puisque la peur est le plus grand obstacle à ce travail, des pensées de peur peuvent te venir à l'esprit pour t'empêcher de continuer. Par exemple, une pensée de peur pourrait te dire : « Si tu laisses tomber cette pensée, tu es idiot », ou bien « Tu vas le regretter », ou alors elle pourrait te donner bien d'autres raisons, fondées elles-mêmes sur la peur, pour ne pas faire le travail. Voilà justement une pensée sur laquelle le travail doit être fait. Regarde-la bien et demande-toi : « Est-ce là, la lumière, l'amour et la joie que je recherche ? » Tu verras clairement qu'il n'en est rien. Alors, il te faudra prendre la décision de foi de lâcher cette pensée pour pouvoir reprendre le travail.

J'insiste pour que tu fasses ce travail de façon constante et régulière. Vois-le comme ton travail. Considère-le comme ton rôle ici et maintenant.

Tu es exactement là où tu choisis d'être

Saint-Esprit : C'est très simple. Il n'y a rien en dehors de toi. Rien de ce que tu vois n'est extérieur à toi. Tu as tout placé dans ton esprit dans un seul but : éveiller l'esprit à ce qu'il est. Tout ce que tu fais, tu le fais pour toi. *Tout ce que tu fais, tu le fais pour toi.* N'oublie pas cette perspective et tu te serviras de ce qui est dans ta conscience pour l'objectif que tu lui as donné... pour l'objectif même pour lequel tu l'y as placé.

La peur et la résistance résident dans l'esprit, mais ce ne sont pas tes ennemies. Ne les combats pas. C'est toi qui les as fabriquées et si tu les combats, tu oublies ce fait. En les combattant, tu te sépares de toi-même, ce qui ne fait qu'engendrer davantage de peur parce qu'il s'agit d'une idée qui n'est pas du tout naturelle. Tu as peur de ce qui n'est pas naturel, parce que tu sais que ce n'est pas vrai. La peur de Toi (de Qui Tu es vraiment) est au cœur de toutes les peurs. C'est pour cela qu'il te faut être honnête avec toi-même. Tu ne peux pas te mentir et vivre en même temps sans peur. Tu ne peux vivre sans peur qu'en étant complètement honnête avec toi-même.

La façon d'être honnête, c'est de commencer ici et maintenant, exactement là où tu es. Ne désire pas être autre part, dans une autre situation, quelle qu'elle soit, ou dans un autre état d'esprit. Ce désir est un mensonge et engendrera de la peur. C'est un mensonge parce que tu es exactement là où tu choisis d'être. Le reconnaître, c'est être honnête.

Une fois que tu reconnais que tu es précisément là où tu veux être, rappelle-toi pourquoi tu y es. Ça aussi, c'est de l'honnêteté. Te rappeler pourquoi tu es là est l'optique de la vraie honnêteté, ce qui permet aux choses d'être utilisées pour l'objectif que tu leur as vraiment donné. S'en servir pour tout autre objectif, c'est de l'évitement, de la prétention, et cela engendrera de la peur.

Rappelle-toi que tout travail se fait dans l'esprit, aussi écoute attentivement... très très attentivement ton propre esprit. Ne te sens jamais pressé de répondre, de parler ou de réagir à un monde qui semble être extérieur à ton esprit. S'empresser de répondre, c'est croire au monde. Observe l'esprit. Qu'est-ce que tu y trouves ? Est-ce une pensée juste ou fausse ? Te dit-elle qu'il y a quelque chose à craindre ? Si c'est le cas, c'est une pensée fausse. Pose-toi dans la confiance et laisse-la aller. Pose-toi dans la confiance et laisse-la aller.

Sois conscient de tes jugements. Les jugements viennent de la peur et la peur vient des jugements. Renonce maintenant à tous les jugements en voyant qu'ils sont faux.

Je vois de la peur dans ton esprit maintenant. Elle est forte, et tu la vois aussi. Ne te juge pas à cause de cette peur. Calme-toi, et retourne en esprit vers Moi. Tu ne dois surtout pas combattre la peur. En fait, tu ne dois pas combattre la peur, parce que la combattre, c'est résister, et *c'est ça* la peur.

Tu dois t'aimer, te pardonner, être douce et gentille avec toi-même grâce au non-jugement, et t'apaiser aussi par la compréhension. À mesure que tu t'aimeras, la peur se dissipera. Tu traverseras ce mur sans avoir peur et tu iras là où tu pensais ne pas pouvoir aller. Dans la paix, tu pourras alors embrasser la lumière que tu pensais ne pas pouvoir embrasser.

Commence aujourd'hui en lisant ce texte de nombreuses fois. Intègre-le en profondeur. Ton esprit essaiera de te dire qu'il faut faire des efforts pour traverser la peur, mais ce n'est pas vrai et ça ne te conduira nulle part. Te poser dans la confiance et te rappeler que tu es seulement en train de regarder ton esprit te conduira là où tu veux aller. *Le chemin lent est le chemin rapide. Le chemin paisible est le chemin vers la paix.*

Je te bénis. Je suis avec toi toujours. Je te tiens la main et Je guide tes pensées. Écoute-Moi. N'écoute que Moi et tu avanceras en confiance.

Vous n'êtes pas des personnes

Saint-Esprit : Vous devez arrêter de vous voir l'un l'autre comme des personnes. Vous n'êtes pas des personnes. Vous êtes des idées. Et certaines de ces idées sont vraies et représentent votre vérité. Mais certaines de ces idées sont des idées fausses qui cachent votre vérité. Vous êtes ici pour abandonner les idées fausses de sorte que seules les idées vraies puissent se manifester dans la forme. C'est ce que vous avez à faire ensemble et vous ne pouvez le faire maintenant que si vous choisissez de le faire ensemble dans un partenariat qui représente votre unité.

Le yin et le yang sont de bons symboles pour vous maintenant... l'homme et la femme qui se connectent pour ne plus faire qu'un. Mais souvenez-vous que l'homme et la femme sont des illusions. Seule l'unité importe. Seule l'unité est.

En vous servant des symboles que sont l'homme et la femme, vous serez tentés de rentrer dans des rôles. Évitez ceci. Ces rôles proviennent de l'idée que la personne existe et ne feront que renforcer la pensée-personne dans l'esprit. Laurent n'est pas un homme et tu n'es pas une femme. Vous êtes des idées dans un seul esprit. Restez centrés sur l'unité. C'est un seul esprit – et pas deux – qui est guéri à travers vous. Ce qui est en toi est en lui et ce qui est en lui est en toi. C'est en guérissant les idées masculines en lui qu'elles sont guéries en toi aussi. Les peurs féminines sont guéries en lui à mesure qu'elles se guérissent en toi.

Ces peurs – que nous appellerons masculines et féminines, le tueur et le tué – s'élèvent ensemble, et font surface, pour être guéries en tant que deux aspects de la même idée. C'est l'idée de non-unité. La non-unité est l'illusion à laquelle vous croyez, sinon vous ne pourriez pas avoir peur. À mesure que vous ferez face à vos peurs ensemble, en partenariat, sans les éviter en rien, c'est votre unité qui se manifestera pour les transcender. Les peurs ne peuvent qu'être transcendées lorsqu'on leur fait face ensemble, parce que l'unité est réelle et que la peur ne l'est pas. Par conséquent, lorsque la lumière de l'unité brille sur la peur, c'est la peur qui doit disparaître. Laurent et toi devez travailler sur votre unité. Apprenez à voir comment vous vous « harmonisez » ensemble, appréciez à quel point votre objectif est le même. À mesure que vous le ferez, vos peurs vont très certainement faire surface, mais ne laissez pas votre attention se fixer sur elles. Restez fermement concentrés sur votre unité, votre inséparabilité, qui est votre vérité et votre force.

Et Régina, garde solidement confiance en Laurent. Il aura besoin de ta confiance et tu auras besoin de ta confiance, du moins si vous choisissez d'avancer ensemble dans les temps à venir.

Critiquer, c'est résister

Question : Saint-Esprit, pourquoi mon esprit critiquait-il tant de détails dans le film d'hier soir ?

Réponse : Tu critiquais le film parce qu'il était rempli de messages qui t'étaient utiles, et parce que tu voulais résister à ces messages. C'était le désir de ne pas Te connaître tel que Tu es vraiment qui nourrissait la critique. C'est toujours ce désir qui nourrit la critique ainsi que la résistance, quelle qu'elle soit. Comment surmonter la résistance ? Par la bonne volonté. Comment transcender la critique ? Par le désir d'apprendre, le désir d'écouter et de s'ouvrir à Soi.

Une bonne façon de regarder un film, c'est en prenant du papier et un crayon. Tu dois avoir une grande soif d'entendre les messages qui te sont le plus utiles. Prie et demande à voir ces messages, à les reconnaître et puis note-les quand ils arrivent. C'est un exercice simple qui fera passer ton esprit du mode critique... du mode « résistance »... à la bonne volonté et à la soif d'apprendre. De cette façon, chaque film devient un cadeau, un joyau du Ciel.

C'est seulement un exercice. C'est un exercice de perspective. La perspective que l'on acquiert ainsi est de ne voir que ce qui est véritablement utile. À mesure que l'on acquiert cette perspective et qu'on en réalise la valeur, alors cette même perspective se transfère naturellement à toutes choses et à toutes situations. Et lorsque cette perspective devient la seule à partir de laquelle tu regardes le monde, le monde devient alors une carte, une carte de ton éveil. Tout dans le monde devient inspiration, guidance, et ce qui n'est pas guidance devient sans importance et s'évanouit, si bien qu'on ne le voit pas.Pratique ce message dès maintenant en te rappelant ta bonne volonté... davantage même, en te rappelant ta soif de t'éveiller à toi-même.

Ce message est pour vous deux. Ce que vous critiquez le plus, quoi que ça puisse être, est ce qui vous est le plus utile. Choisissez de mettre vos critiques de côté et demandez à voir différemment, avec des yeux alignés sur votre aspiration... c'est-à-dire sur la vraie bonne volonté de votre cœur.

Question : Saint-Esprit, je vois maintenant les gens que je critique et j'essaie de voir en quoi ils me sont si utiles. Je ressens une forte résistance. Peux-tu m'aider ?

Réponse : Prends plus de temps pour abandonner tes résistances et entre en contact avec ce que tu veux vraiment. Branche ton esprit uniquement sur ton cœur, seulement sur ce désir-là, et la réponse que tu cherches te viendra clairement. Rappelle-toi ce que tu veux par-dessus tout. Souviens-t'en pleinement et complètement.

Lâche la tentation de réfléchir à la réponse. Cette réponse ne te viendra pas de la réflexion parce que réfléchir est le mécanisme de la séparation. Réfléchir te sépare de ce à quoi tu penses.

Question : J'ai pu voir différemment une personne que je critiquais et je sais que cette nouvelle perspective venait de Toi. Elle n'aurait pas pu venir de mes réflexions. Merci. Mais en en venant à regarder une autre personne, ma résistance était vraiment trop forte. C'était comme si je voulais m'arracher les cheveux. Que devrais-je faire ?

Réponse : Choisis toujours d'être douce avec toi-même, dans l'amour. Il n'y a pas d'autre façon de s'éveiller à l'amour que l'on est. Accepte d'y aller lentement. La personne à laquelle tu penses va t'offrir de nombreuses réponses, de nombreux cadeaux. Tu résisteras à la voir différemment parce qu'il y a davantage à voir en elle. Considère l'idée de cette personne dans ta journée... et même dans ta semaine ou dans ton mois... mais adopte aussi en toi l'envie de la voir différemment. Quand ta volonté sera forte, la vision viendra. Lorsque quelqu'un a beaucoup à t'apprendre, tu peux mettre pas mal de temps et avoir beaucoup de choses à réaliser avant d'accepter les cadeaux que cette personne a à t'offrir, et ce, parce que tu le veux vraiment et que tu as le désir constant de te réveiller.

Fais une pause à présent en faisant quelque chose de relaxant. Ne te cache pas derrière une quelconque activité frénétique, une distraction. Respire plutôt, et choisis une activité reposante. C'est le moment de laisser la résistance mourir et la bonne volonté grandir dans ton esprit.

La gratitude est une force puissante

Saint-Esprit : La Gratitude est une force puissante. La Gratitude est bien plus puissante dans votre univers que la plupart des gens ne le réalisent, bien que nombreux soient ceux qui commencent à en reconnaître les bienfaits. La Gratitude est un champ d'énergie... un champ d'énergie d'extension. Tout ce pour quoi tu ressens de la gratitude s'étend ou s'agrandit dans ta conscience. Ce que la plupart des gens ne semblent pas reconnaître, c'est que la gratitude est un champ d'énergie *constant, permanent*. La gratitude ne s'en va ni ne s'en vient comme quand tu ressens habituellement de la gratitude, ou quand tu te sens reconnaissant. La gratitude est un aspect naturel du Fils de Dieu. Tu es toujours dans une « attitude de gratitude », et en train d'étendre ce pour quoi tu as de la gratitude maintenant.

Tu as de la gratitude pour ce à quoi ton esprit s'intéresse. Il peut sembler s'intéresser à la peur ou à l'inquiétude, à la colère ou au ressentiment, à l'espoir ou au désespoir, mais si l'esprit s'intéresse à quelque chose ou se concentre dessus, il s'y intéresse dans la gratitude.

C'est une bonne et utile façon de regarder cette journée. Arrête-toi très souvent au cours de la journée, aussi souvent que tu t'en souviens, et demande-toi ce pour quoi tu as de la gratitude. Observe simplement ce à quoi ton esprit s'intéresse. Observe les émotions qui accompagnent les pensées. Et puis souviens-toi que tu es dans un esprit de gratitude. Demande si ce à quoi tu es en train de penser et *ce que tu es en train de ressentir* sont ce pour quoi tu éprouves réellement de la gratitude. Si ce n'est pas le cas, il te suffit simplement de changer d'esprit, et de le réorienter vers ce pour quoi tu as vraiment de la gratitude. Ce changement est bien plus qu'un changement d'émotion. C'est un retournement de la puissance. C'est un retournement de l'expérience. C'est le retournement de tout ce que tu désires changer aujourd'hui.

Reçois mes Bénédictions. Souviens-toi que tu es toujours en gratitude.

Remplacer les images de peur

Saint-Esprit : Qu'est-ce qui t'effraie au niveau de l'expérience ? Quelle idée te fait le plus peur ? Choisis-en une ou deux. Il n'est pas utile de travailler sur trop de choses d'un coup, aussi choisis une ou deux peurs-clés et prépare-toi à les laisser aller dès à présent.

Laisser-aller la peur est un travail conscient. Cela exigera de la vigilance et de l'attention de ta part. La vigilance et l'attention sont les fruits de la bonne volonté ; aussi, il est tout particulièrement utile de te concentrer sur ta bonne volonté de guérir tes peurs les plus habituelles ou les plus grandes.

L'ego tentera de bloquer la guérison. Il se peut qu'il te dise que tu es coupable d'avoir choisi des peurs qui représentent le niveau du monde. Abandonne cet obstacle, laisse-le tomber. Je te le dis, tout ce qu'il y a dans le monde est représentatif d'une peur plus profonde qui, elle, est dans l'esprit. La feuille – ou la peur qui est au niveau de l'expérience – est directement reliée à sa racine. Si tu gardes cela à l'esprit tandis que tu guéris tes peurs les plus instinctives, tu sauras en toute confiance que la racine se guérit en même temps. De cette façon, c'est la plante tout entière qui est transformée et, ainsi, elle ressurgit toute neuve de la terre.

Comme je te l'ai dit, choisis une ou deux de tes peurs les plus fortes. Pour guérir ces peurs, nous allons à présent leur porter une attention particulière. Et c'est en le désirant librement et innocemment que nous portons cette attention particulière, en sachant que c'est une étape dans la guérison totale. Aie confiance en cela.

Tout d'abord, sois vigilant et attentif à ces peurs-ci quand elles te viennent à l'esprit, reconnais-les. Souviens-toi que tu veux maintenant les guérir. Puis, lâche l'image qui te fait peur, laisse-la aller, et remplace-la par une autre image ou une autre idée qui, elle, t'apporte de la joie. *Tu sauras par quelle image remplacer l'ancienne.* Ne doute pas de ton nouveau choix. Apprécie plutôt joyeusement le nouveau choix, la nouvelle image, en réalisant qu'elle est un symbole de la guérison de cette peur.

Guérir ta peur est ton seul besoin à présent. Lorsque ta peur sera guérie, tu te Connaîtras Toi-même, sans peur. Dans cette connaissance, toute chose est possible. Dans cette connaissance, toute joie est possible.

Considère-toi comme quelqu'un qui apprend. En fait, tu choisis une ou deux peurs pour apprendre, petit à petit, qu'il n'y a rien à craindre. Sois un bon élève. Concentre-toi sur tes peurs-clés en rêvant joyeusement à l'image qui les remplace. Sois comme l'enfant qui joue librement avec son image. Ne t'attache à aucun résultat. *Sache qu'il en résultera une joie parfaite et que tu seras libéré de la peur. Sache-le profondément dans ton cœur, et fais-toi confiance ; aie confiance en ta vision et laisse aller les peurs. Ta récompense sera vraiment grande.*

Confiance et appréciation

Question : J'ai percuté un mur la nuit dernière, et je ne pouvais plus regarder mes peurs. J'ai arrêté d'être honnête parce que j'ai eu peur d'être vue. Comment peux-Tu m'aider ?

Réponse : Ton mur était temporaire. Tu ne peux avancer qu'à ta propre vitesse, et essayer d'avancer plus vite n'est pas utile. Laurent a arrêté de te pousser parce que ce n'est pas de l'amour. Tu as accepté ton mur, parce que la résistance à soi n'est pas de l'amour non plus. Ce que vous avez fait tous les deux quand tu as percuté le mur était parfait. Vous vous êtes joints dans l'amour et la compréhension de la tournure que cet instant devait prendre. Grâce à ceci, l'instant vous a amené à ce matin ainsi qu'à la clarté d'hier soir.

Ne redoute pas de devoir avancer plus vite que tu n'avances, ou d'être différente de ce que tu es dans l'instant. Sois contente et confiante que chaque instant est parfait, et qu'il se dirige parfaitement dans la direction que tu as choisie, et à la vitesse qui est juste pour toi.

Reste dans la confiance. Aie toujours confiance en toi, et ton frère te répondra dans cette confiance. Te faire confiance, c'est faire confiance à ton frère, et faire confiance à ton frère, c'est te faire confiance à toi-même.

Question : Enseigne-moi à jouer avec ces images de moi et de Laurent pour guérir mon esprit de l'indignité qu'il perçoit, et particulièrement par rapport au corps et à ma haine et honte du corps.

Réponse : Jouer avec les images ne peut pas être de l'effort. Jouer c'est être décontracté. Regarde les images comme elles te viennent à présent. Si elles paraissent distantes, faibles et ne durent pas très longtemps, n'y résiste pas et ne leur demande pas d'être différentes. Au contraire apprécie le peu que tu vois. Ressens cette once de gratitude dans ton cœur et ce petit sourire sur ton visage. C'est en appréciant le peu que tu as que les images grossiront naturellement, et tu les apprécieras de plus en plus. Ceci aura un effet boule de neige jusqu'à ce que les images deviennent claires et solides, et que tu les ressentes, les goûtes et les sentes exactement comme tu souhaites les ressentir, les goûter et les sentir.

Aie le désir de laisser l'esprit se poser sur l'image, ne serait-ce que pour un instant, s'il est joyeux, détendu et naturel. Vois cet instant comme la petite graine de moutarde. Aime-la pour ce qu'elle est, et elle grandira naturellement et deviendra la plus haute des plantes du jardin, solide et fleurissante de beauté.

Deux sortes de méditations

Saint-Esprit : Il y a deux sortes de méditations. (On peut même dire qu'il y en a trois si on y inclut ce que vous appelez la prière, mais même la prière peut être classée dans ces deux catégories de méditations, alors restons avec juste deux catégories.).

La première façon de méditer, c'est de M'écouter, et c'est aussi Me ressentir ou Me connaître. L'autre sorte de méditation, c'est la méditation créative. L'une est un abandon total, l'autre utilise le pouvoir de Soi. Ces deux sortes de méditation ont un objectif. Je voudrais discuter à présent de leur utilité respective.

M'écouter est utile parce que ce n'est pas écouter l'ego. Quand tu M'écoutes ou Me ressens, tu écoutes ton esprit juste, qui est la partie de l'esprit qui sait ce que tu es. Suivre l'inspiration de ton esprit juste est toujours utile, surtout quand tu es encore dans la confusion quant à ta vérité. *Je te recommande de M'écouter à chaque occasion à présent.* Va dans ton cœur et ressens-Moi. Cela ne prend qu'un instant. Pose-Moi tes questions et attends-toi à ce que la réponse arrive. Fais que le désir de ton cœur soit de Me connaître, et tu Me connaîtras.

La méditation créative donne l'impression que c'est toi qui la diriges. Ce peut être une prière dans laquelle tu demandes ce que tu veux, ou bien une visualisation ou alors une méditation guidée qui a pour but d'induire un effet particulier. La méditation créative peut être utile quand elle t'enseigne ce que tu es, mais on peut aussi l'utiliser sans qu'elle enseigne cette leçon, quand tu es totalement inconscient de ce que tu es.

Je te recommande la méditation créative couplée à la méditation d'écoute. Commence par trouver le calme puis fixe ta conscience sur le cœur. Ne cherche rien d'autre qu'à Me connaître, et J'arriverai dans ta conscience. Une fois présent avec Moi, laisse le désir s'élever en toi. Ne crée pas ce désir par ta pensée. C'est un moment de calme, de tranquillité et d'écoute. Laisse le désir s'élever quand tu es calme. Et alors que tu le sens s'élever en toi, sache qu'il t'a été donné, qu'il provient de la guidance. Infuse alors ce désir dans une méditation créative. Tu peux prier pour ce désir, le visualiser ou bien te sentir reconnaissant pour ce cadeau qui t'est donné. En te servant de la méditation créative avec l'écoute, tu crées ce qui provient du véritable désir de ton cœur.

Ne t'inquiète pas des « règles » de la méditation créative. N'aie pas peur de mal faire ou de créer faussement. Fais simplement confiance à ce qui est donné quand tu écoutes et rappelle-toi que ça provient de ton esprit juste. Fais confiance à ce qui vient quand tu es dans cette tranquillité, en réalisant ta proximité avec Moi, sans effort de ton mental. Ne juge pas et ne remets pas en question ce qui t'est donné. Le jugement peut t'apparaître raisonnable, mais il est l'ego. Arrête-toi à ce qui t'est donné. Aie confiance en ce qui arrive dans l'instant et tu verras le bien-fondé de là où tu places ta confiance. Tu places ta confiance dans la connaissance, qui est au-delà du jugement de l'esprit pensant.

Régina...
fais complètement confiance à Laurent

J'ai demandé à voir mes dénis quand j'ai dit à Laurent que je lui avais fait confiance ces trois derniers jours. Le Saint-Esprit m'a dit que les frustrations que je ressentais à son égard quand il écoutait l'ego étaient du manque de confiance. Je n'avais pas remarqué que c'était du manque de confiance, parce que je croyais que le manque de confiance se solderait par le sentiment de peur. Il m'a alors montré que le manque de confiance pouvait prendre divers visages, comme la frustration, la colère ou la tristesse. Je dois être alerte et vigilante à tous les sentiments qui ne sont pas le complet amour, la complète confiance.

Le Saint-Esprit me demande de faire complètement confiance à Laurent et de ne plus permettre une seule exception à cette confiance, parce qu'une exception à lui faire confiance, c'est une exception à me faire confiance et à faire confiance à Dieu. Une exception à la confiance, c'est une brèche pour laisser l'ego entrer. Et là où j'invite l'ego, l'ego rentre.

Ton désir de donner l'amour suffit

Question : J'ai vraiment envie d'aider Laurent. Je voudrais lui donner ce qu'il demande. Quel conseil me donnerais-Tu ?

Réponse : Vouloir aider Laurent est quelque chose d'utile. C'est le désir de donner l'amour dans une forme qui soit reconnaissable comme de l'amour. Ce don ne reste jamais non remarqué. Mais le désir de donner peut être repris par l'ego si tu crois que le don n'a pas été reçu. Il est important que tu fasses confiance au cadeau qui est en toi. Ne recherche pas de preuves que ton cadeau a été donné, reçu, apprécié et utilisé. Sache que ton désir de donner l'amour suffit pour que le cadeau soit donné maintenant. Remets-toi à ton désir et sache que ton cadeau fleurira en son parfait moment. Sache aussi que tu arroses cette plante en acceptant complètement le cadeau en toi.

Tous les esprits sont connectés, oui. Cela veut dire en effet que l'un influence l'autre, mais l'influence de la lumière est plus forte que l'influence de l'ombre. Accroche-toi à la pratique de la lumière à chaque instant, à chaque battement de ton cœur, sans oublier, et ainsi tu influenceras tes frères, en les renforçant dans leur décision de faire le même choix.

Je suis prêt pour Laurent à présent. Va prendre soin de Jasmine, et puis reviens. Aie foi. Confiance. Garde ton esprit vide.

La puissance de la Lumière

Saint-Esprit : La lumière est une force bien réelle. Pas l'obscurité. Même ce qui semble être l'obscurité est partagé par la lumière. Il est important que tu t'en souviennes, non pas pour déclencher de la culpabilité, mais au contraire comme levier de réalisation. Seule la lumière est réelle, aussi seule la lumière est-elle effective à tout moment. Cette réalisation-là, c'est ta puissance. C'est ta force. C'est de cette façon que tu trouveras ta liberté. Tu découvriras ta liberté là où elle est déjà, dans la puissance et la force de la lumière.

L'obscurité n'est que de la lumière transmutée au travers d'un filtre. Ce n'est rien de plus. De cette façon, c'est encore et toujours de la lumière. Il se peut que ce savoir ne te semble pas si utile, mais seulement quand on le comprend au travers du filtre qui n'est pas la lumière. Sans le filtre, la réponse brille et s'illumine, et c'est cette lumière-là qui brille plus vivement que l'attirance vers le filtre.

Commence à voir toute obscurité comme de la lumière. Observe la force des ténèbres et réalise que c'est la puissance de la lumière. Accroche-toi avec force à cette idée lorsque l'emprise des ténèbres semble de plus en plus forte dans ton esprit. Et rappelle-toi que la vraie force de cette emprise est la force de la lumière.

À mesure que tu te concentres sur l'obscurité et y vois la lumière, tu commences à réaliser la force de ta propre puissance. Tu commences à ressentir la réalité de ta propre force. En en venant à te connaître en tant que force et puissance, tu commences à te voir tel que tu es vraiment. C'est important parce qu'alors tu ne te vois plus comme une victime. Te considérer comme une victime est un mensonge, et c'est justement ce mensonge qui t'emprisonne, qui fait que tu te sens piégé. Il te faut désapprendre ce mensonge en regardant directement ce que tu es, en reconnaissant ta force par cette réalisation, par la gratitude ainsi que par l'honnêteté. Vois l'obscurité comme de la lumière et vois clairement qui tu es.

Le filtre qui transmute la Lumière en ténèbres est soigneusement construit pour dissimuler la Lumière, mais dissimuler la Lumière n'est pas l'arrêter. Dissimuler n'est que déguiser. On ne peut pas arrêter la lumière. En voyant la lumière... la force et la puissance de la lumière même quand elle est déguisée en ténèbres... tu commences à changer l'attention de ton esprit. Changer la direction de ton attention, du filtre et des déguisements du filtre vers la force et à la puissance de la lumière, c'est le changement qui défait le filtre. Car croire que la lumière est obscurité est la composante première de la fausseté de ce filtre. En défaisant la composante première par ton attention, l'idée même qu'il y a un filtre ne peut que s'effondrer.

Voilà comment défaire le filtre avec ton attention. C'est simple, mais ce doit être accompli à travers toi, par toi. *C'est ta décision de voir* qui te conduit à déloger le filtre et à avancer dans la lumière, à la choisir comme seule façon de voir.

Voici comment :

Observe la pensée d'obscurité qui est dans ton esprit. Observes-en l'intensité. Observe comment elle colore ta vision, t'empêche d'aimer et crée une douleur que tu peux à peine supporter. Observe chaque aspect de sa force et déplace ton attention de l'idée, de la pensée et du jugement vers la force elle-même. Prends uniquement conscience de cette force et de cette puissance qui s'emparent de ton esprit maintenant et réalise que ce sont en fait la force et la puissance de la lumière. Ce que tu es en train de ressentir maintenant, c'est la force indéniable et complète de la lumière transmutée par un filtre d'obscurité. Laisse-toi dériver des voix du filtre à la puissance de la lumière. Plonge dans cette puissance par le ressenti tout en appréciant la force absolue de ce qu'elle est. Délaisse tout sauf la réalisation de cette puissance et sache que cette puissance est la lumière.

Plus tu apprécies, dans ta pratique, la puissance de la lumière, plus forts et cohérents seront tes changements d'esprit. Tu te serviras de ce qui semble être des attaques des ténèbres pour réaliser la force et la puissance de la lumière. À mesure que tu réaliseras cette force, tu seras renforcé. Ta conscience de la puissance sous sa forme de lumière grandira dans ton esprit. Dans cette expansion, toute idée que la puissance n'est pas toi mourra, car tu deviendras cette puissance et cette force. À mesure que cette puissance et cette force s'établiront en toi et que tu t'établiras dedans, la lumière deviendra comme une extension de ton propre bras. Quand tu ressentiras cette extension, tu t'en serviras pour déployer la lumière dans ton corps tout entier, dans ton cœur et ton esprit. Quand tu ne verras plus cette force et cette puissance que comme de la lumière, tu ne verras plus que la lumière.

La force et la puissance sont alors devenues lumière, et il ne reste donc plus que la lumière à voir, à expérimenter et à connaître. Voilà ta liberté. Voilà ta vérité. C'est ce qui se passe en toi en ce moment. Il te suffit de choisir de le voir pour voir que c'est vrai. C'est en voyant la beauté de ce que tu es que tu es sauvé.

Le flux

Saint-Esprit : Le « tué » est une idée dans l'esprit, qui est renforcée par ton envie de croire au « tueur ». Le « tueur », c'est le jugement. Croire au jugement, c'est croire à un mirage, car le jugement ne voit que ce qui n'est pas là, et le juge réel et indigne. Même quand le jugement juge qu'une chose est belle, il choisit de percevoir l'indignité, puisque le beau et l'indigne sont les deux faces de la même idée qu'est le jugement. C'est l'idée de la dualité, et des options. L'idée de « choisir parmi des options » est une expérience tout à fait passionnante, née de l'illusion, parce qu'en réalité, il n'y a pas d'options. Il n'y a que le flux.

Comment se débarrasser de l'idée du « tué » ? En ne voyant que le flux, en ne ressentant que le flux, et en ne désirant être que le flux. En ne désirant être que le flux, tu abandonnes l'idée d'être indépendant. Tu abandonnes l'idée de choisir parmi des options, et tu choisis uniquement d'être. Quand tu choisis uniquement d'être, tu fais un grand cadeau à tes frères, parce que le flux que tu es provient d'eux, passe par toi, et leur est retourné. En choisissant d'être le flux tel que tu es, tu choisis d'enseigner à tes frères que leur création est superbe. En choisissant d'enseigner ceci sans jugement ni dualité, tu choisis de t'enseigner ce que tu es vraiment, non séparé de tes frères, mais en conjonction avec eux. C'est une célébration de vérité et d'union qui surpasse amplement l'idée qu'il existe quelque chose de différent, et des options parmi lesquelles choisir.

Sois l'amour en étant ce que tu es comme tu l'es maintenant. Permets-le. Aime-le. Vois-le comme un cadeau de tes frères. En acceptant ce cadeau, tu acceptes la vérité de qui tu es. En t'acceptant, tu les acceptes comme étant un avec toi.

Plus sur le flux

Question : J'aimerais en savoir plus sur le flux. Ça me paraît très efficace pour m'ouvrir au non-jugement. Que voudrais-tu me dire à ce sujet ?

Réponse : Le flux n'est pas juste une idée. C'est un fait. C'est la réalité. Rien n'arrive ou n'est expérimenté en dehors du flux. Rien n'est indépendant. Rien ne peut être accompli différemment de la façon dont le flux l'aurait fait. Les options n'existent pas en dehors de la réalité du flux, et toute option choisie dans le flux provient du flux. Provenant du flux, elle est d'unité parfaite et elle est élaborée dans un accord complet. Ainsi, elle est au-delà de toute possibilité de jugement. Le jugement imagine des options indépendantes, qui viennent d'en dehors du flux.

Le flux est d'autant plus efficace pour toi maintenant qu'il te permet de voir clairement que tu es uniquement l'amour parfait. Tu te juges à chaque fois que tu sens que tu es moins que parfait, à chaque fois que tu ressens que tu n'es pas la parfaite expression de l'amour. Un état qui n'est pas parfait amour, créé par l'unité parfaite, ne peut pas exister. C'est littéralement impossible. Chaque moment est perfection. Tu es toi-même, tel que tu te perçois, le parfait résultat de chaque moment parfait.

L'expérience, au niveau de l'effet, n'est qu'une expérience. Elle n'est pas la réalité. Toutefois, on ne peut juger l'expérience comme étant en dehors de la réalité puisque toute expérience existe dans l'esprit de réalité. Si l'expérience est jugée, alors la réalité est elle aussi jugée. Tu ne peux juger la création sans juger le créateur. Tu ne peux juger ton (petit) moi sans juger la totalité de Qui Tu Es, qui est Dieu. C'est ici que toutes les peurs prennent racine.

Ceci étant dit, focalise-toi sur le flux. Garde ton esprit aujourd'hui, à chaque instant, conscient du flux qui est. Ne recherche que le flux et tu recherches la réalité. Immerge-toi dans la conscience du flux, en gratitude, et ainsi tu t'acceptes (toi et tes frères) comme l'écho de la réalité que Tu Es.

Question : Dans la perspective de ton enseignement sur le flux, je voudrais te poser quelques questions concernant le choix. Tu nous as dit qu'en réalité il n'y avait pas d'options parmi lesquelles choisir. Il n'y a que le flux. Tu nous as aussi parlé d'options existantes dans le flux. Alors y a-t-il des options ? Existe-t-il des choix ? Et si c'est le cas, cela ne crée-t-il pas matière à l'erreur ou au jugement ?

Réponse : À l'instant même, tu es en train de te voir indépendant, et cela conduit au jugement et au sentiment d'indignité. Il n'est pas du tout utile de te voir de cette façon, et c'est pourquoi Je t'ai demandé de rester focalisé sur le flux.

Il n'y a pas d'options séparées du flux, et tu ne peux jamais prendre de décision indépendante. L'indépendance n'existe pas. Mais, à l'intérieur de l'esprit de réalité, il y a de nombreuses forces vibratoires en action. Ces forces vibratoires sont des causes et travaillent conjointement pour créer des effets.

Question : Y a-t-il un choix de vibration ?

Réponse : Il y a toujours le choix de vibration, et le choix de vibration que tu fais entre en unisson avec la totalité du choix vibratoire, et une option naît ainsi. Cette option est une décision, qui va se manifester dans l'expérience à moins qu'un changement vibratoire n'ait lieu. Si en effet un changement vibratoire a lieu, une nouvelle option sera présentée et cette nouvelle option sera expérimentée.

Les énergies vibratoires peuvent changer à tout moment, et l'effet qui en découle est un changement du flux. Un changement de vibration ne peut avoir lieu sans changement d'effet.

Question : Alors, au niveau pratique, comment ça marche ?

Réponse : Un changement de perception, ou bien un changement de façon de faire l'expérience d'un événement, est un changement de vibration. Et ceci crée un changement du flux. En d'autres termes, toi et les autres réagirez différemment à un nouveau flux vibratoire.

Question : Alors, mon choix de perception affecte les autres ?

Réponse : Oui, puisqu'il n'y a pas d'autres. Il y a seulement le flux. Chacun, à chaque instant, agit à son propre niveau vibratoire en harmonie parfaite avec le flux vibratoire total. Rien n'est jamais « pas à sa place ». Chaque instant est absolument parfait. Chaque action, ainsi que chaque personnalité, est une résultante parfaite du flux.

Question : Donc, il n'y a pas d'autres choix qu'un choix de perception ; mais un choix de perception affecte le flux vibratoire et cela résulte en ce qui semble être une option différente.

Réponse : Oui, mais la présente option est le résultat du présent flux. Une autre option ne peut pas exister en réalité, maintenant. Chaque moment est parfait. Il ne peut être différent. On ne peut donc pas le juger, en vérité.

Apprendre ceci c'est tout apprendre. Ton seul choix est un choix de perception, de la manière dont tu regardes (ou ressens) ; mais ce choix a un effet sur tout ce dont tu fais l'expérience. Ça ne peut être différent.

Regarder dans les yeux d'un autre

Saint-Esprit : Laisser-aller le jugement, c'est pareil que ne pas être jugé. Car dès que tu permets à un autre de te juger, tu t'es jugé toi-même. Le reflet que tu vois dans les yeux (ou les paroles) d'un autre n'est autre que le miroir de ton propre esprit.

Qu'est-ce que cela signifie au niveau pratique ? Cela veut dire que tu dois être ferme dans ta décision de ne pas juger. Alors que tu prends cette décision dans ton esprit, tu verras des « témoins » qui viendront t'offrir l'opportunité de juger. Laisse-les venir, en te rappelant pourquoi ils sont là. Ils ont répondu à ton appel afin de t'aider à apprendre ta leçon. Bénis-les dans l'amour et la gratitude tout en renonçant à l'opportunité qu'ils t'offrent. C'est en restant ferme dans ta décision de ne pas juger que tu t'enseignes continuellement la leçon que tu es devenu désireux d'apprendre.

Ancrer la pratique d'un message :
« les filtres » et la « volonté orientée »

Question : Je veux ancrer le message du Flux. Laurent et Christine veulent ancrer le message sur la Puissance de la lumière. Je consens à écrire tout ce que Tu veux que j'écrive et à le partager de la façon dont Tu le désires. Que voudrais-Tu nous dire à ce sujet ?

Réponse : Ancrer une pratique se fait silencieusement. Il s'agit de bien vouloir voir tout ce que les yeux voient à travers cette idée. C'est avoir la bonne volonté de regarder toutes les pensées que pense l'esprit à travers le filtre de l'idée que Dieu a donnée.

Un filtre peut en transmuter un autre, ce qui fait revenir une image ou une idée distordue à son état original. Les idées que Je donne sont justement ce filtre... ce filtre de retour à la vérité, ou de « déconstruction ». Déconstruire, c'est davantage que laisser-aller le faux, même si cette idée est certainement clé. Déconstruire, c'est aussi accepter de nouvelles idées ou de nouveaux filtres au sein même du mécanisme qu'on appelle le mental.

On t'a dit que le chemin spirituel est un chemin d'entraînement de l'esprit. C'est vrai et ça n'est pas vrai à la fois. C'est vrai lorsque tu apprends à projeter tes pensées au travers d'un nouveau filtre, les transmutant ainsi en leur état original. Ça n'est pas vrai en cela que ça ne peut se produire par la pensée. C'est purement une question de bonne volonté ou de désir.

Ma plus forte recommandation pour ancrer une nouvelle pratique est de te focaliser sur ta *volonté orientée sur* cette pratique. Tout vient à toi par ta volonté. Rien n'est limité puisque ta volonté est tout. Te focaliser sur ta volonté *orientée*, c'est ancrer ce que tu décides d'ancrer.

Quant aux questions plus spécifiques à propos de la puissance...

Les ressentis et les idées (ou les pensées) ne sont pas différents. Elles te paraissent différentes parce que les unes paraissent être dans l'esprit et les autres dans le corps, mais ça n'est qu'une illusion. Les deux sont pensée ou idée, alors ce qui va marcher sur une pensée marchera aussi sur un ressenti. Ne donne pas plus de pouvoir aux unes qu'aux autres. Ne les considère pas différentes. À travers ce filtre qui te les fait voir semblables, la peur des ressentis tombera d'elle-même et ils ne seront pas plus réprimés que les pensées. Quand les émotions (ou ressentis) circulent aussi librement que les pensées, tu commences à te libérer de leur emprise.

Le doute et le regret ne sont pas non plus différents l'un de l'autre. Les deux sont des manifestations dans l'esprit, ou des idées qui proviennent d'une autre idée, qui te dit que tu es ce que tu n'es pas. Comme Je te l'ai déjà dit, tu es un flux, tu n'es pas indépendant. Tu fais partie de tout-ce-qui-est *et* tu es tout-ce-qui-est. Dans l'idée de doute ou de regret, il y a l'idée que tout-ce-qui-est n'est pas et que tu es indépendant. Et ceci, c'est voir la vie ou l'expérience au travers du filtre de la séparation. Quand cela se produit, c'est le moment de regarder au travers d'un nouveau filtre. C'est le filtre que Je t'ai donné sur le Flux.

Accepter le Flux, c'est faire confiance au moment présent, au ressenti présent ou à la guidance présente. Tu sais toujours quoi faire. Le doute arrive quand tu mets ce savoir en question. Et cela produit un ressenti de peur, qui affecte le flux. Si tu veux rester au niveau vibratoire le plus élevé, apprends à faire confiance à ce que tu sens de faire sans le remettre en question. Ressens et fais confiance, c'est tout, et n'aie pas besoin de comprendre. Alors que tu ressens et fais confiance, tu es doucement déposé dans les bras de Dieu. Et ceci, c'est accepter le flux au plus haut niveau vibratoire possible, parce que c'est accepter tout-ce-qui-est dans l'instant comme la création parfaite et irréfutable de Dieu.

Les regrets, c'est regarder en arrière et questionner le passé. Les regrets ne sont rien d'autre qu'une forme d'auto-torture. Ils ne servent d'autre motif que de te maintenir à un bas niveau vibratoire. Cela vient du désir de te connaître en tant que ce que tu n'es pas. Puisque tu veux vraiment te voir comme tu es, tu dois désirer lâcher l'idée de regrets en l'observant à travers le filtre ancré du flux.

Question : Laurent a d'autres questions spécifiques. Comment dois-je lui répondre ? S'il Te plaît dirige-moi.

Réponse : Les questions de Laurent proviennent de la peur. Il a peur de mal faire ou de ne pas être capable d'ancrer les enseignements qui lui ont été donnés. Et ceci n'est pas différent de tes idées, Régina, au sujet du flux. C'est une forme subtile de la fameuse « pensée seconde »[1] dont vous avez tous les deux parlé. Parlons de cette « pensée seconde » maintenant, parce qu'il est important pour votre compréhension de voir clairement cette pensée et de la lâcher.

---

1. La « pensée seconde » est, dans mon expérience et mon observation, la petite pensée, idée ou image qui vient s'ajouter à l'expérience directe. Elle arrive souvent avec un sentiment, un doute, une peur.

La « pensée seconde » est la pensée-clé qui est utilisée pour t'enseigner que tu es ce que tu n'es pas. La « pensée seconde » t'apprend que tu es impuissant et victime, et ceci t'apprend exactement ce que tu n'es pas. Cette pensée vit dans ton esprit par le désir, et est présente dans tout ce que les yeux voient et tout ce que l'esprit pense. C'est pourquoi J'ai dit que l'ancrage vient de la volonté. L'ancrage est l'opposé de cette pensée, qui est faite pour te maintenir sans ancrage et vacillant. Mais puisque la « pensée seconde » t'arrive par la volonté, c'est uniquement une plus grande volonté qui t'ancrera et qui éliminera la « pensée seconde ».

L'élimination de la « pensée seconde » se produira par la volonté et se déroulera comme un miracle. Tu ne peux pas lâcher la « pensée seconde » en travaillant sur elle. Tu ne peux lâcher la « pensée seconde » qu'en choisissant une autre volonté. L'attention doit toujours être placée là où tu veux aller, jamais sur l'endroit que tu veux quitter.

La « pensée seconde » n'est rien d'autre qu'une idée placée dans l'esprit par la volonté de faire l'expérience de ce que tu n'es pas. Quand tu vois cette pensée, rappelle-toi clairement de son objectif. Quand tu observes la pensée comme une idée faite pour t'enseigner une expérience, et que tu réalises que tu ne désires plus apprendre cette expérience, tu reprends possession de ta puissance en te souvenant de l'idée que tu n'es pas victime. Et ceci désarme totalement la « pensée seconde » puisqu'elle est une pensée de non-puissance et de victime. Tu riras à l'idée que la « pensée seconde » est une non-puissance quand tu verras clairement sa puissance et reconnaîtras que c'est la lumière. Ris et réalise comme tu es bon à essayer de t'apprendre que tu es impuissant en utilisant une telle puissance ! C'est ridicule ! C'est une contradiction qui doit être vue, et vue clairement comme une contradiction qui ne peut plus durer. En voyant cette contradiction, tu te rappelles Qui Tu Es et la pensée que « tu n'es pas » devient inutile.

Question : Y a-t-il autre chose que tu voudrais que j'entende et que je partage ?

Réponse : Oui. Aie foi en toi. Fais-toi confiance. Sache ce que tu sens de faire dans l'instant et fais confiance à cette idée ou cette pensée sans la remettre en question. Tu sais toujours quoi faire, mais tu laisses le mental s'en mêler et le remettre en question, et cela t'éloigne de ce que tu sais. Le questionnement, comme le doute, ne sont que des outils de l'illusion. Et l'illusion, une fois de plus, est *que tu es ce que tu n'es pas*. Cette illusion est la seule illusion qui soit, c'est pourquoi connaître ta puissance est la réponse à toutes tes illusions. Au travers des yeux de vérité, la non-vérité ne peut être vue qu'entièrement non vraie.

Les graines de confiance

Question : Saint-Esprit, merci d'être là avec nous, si proche de nous, guidant chacun de nos pas. Je Te ressens en toutes choses et te remercie. Tu connais nos questions ainsi que la direction à suivre. Que partagerais-Tu à présent ?

Réponse : La confiance n'est pas une petite chose. La confiance, c'est la puissance de la lumière re-filtrée en lumière, ainsi qu'en force et en puissance de pureté, et c'est cela la vérité de la confiance.

La confiance vient de la connaissance de ce que tu es, d'abord dans l'intellect puis dans le cœur. Ne sous-estime pas la puissance de la confiance au niveau de l'intellect. C'est toujours la puissance de la confiance, et sa pureté est reconnue lorsqu'en être conscient atteint le cœur.

La confiance, au niveau de l'intellect, est un rappel. Celui-ci peut sembler difficile, comme une bataille ou un effort, mais c'est seulement parce que la volonté de peur et de doute est forte. L'antidote à la peur est la confiance, alors planter les graines de confiance, même si cela semble demander un gros travail, est un moyen solide et puissant pour dépasser la paresse de la peur.

Je parle de paresse parce que la peur est une habitude. Elle a été apprise, il y a bien longtemps, et continue d'exister aujourd'hui par paresse (ou par habitude, car elle se déclenche automatiquement). L'opposé de la paresse, c'est le travail ou l'effort, et c'est là la puissance qui doit être orientée vers la confiance.

Tu peux voir que, si tu orientes ta puissance vers la confiance, et si la peur n'est rien d'autre qu'un acte de paresse, avec le temps ta puissance grandira par la confiance et la confiance deviendra ta puissance. C'est là le mouvement de la confiance depuis le niveau de l'intellect jusqu'au niveau du cœur. Et c'est ce mouvement qui va commencer à tout changer, mais ce mouvement commence par des graines de confiance plantées dans le cœur, et ces graines sont plantées depuis le niveau de l'intellect.

À chaque fois que tu remarques une peur, tu dois avoir la bonne volonté de planter les graines de confiance. Réalise que les graines de confiance sont plantées par une force qui dépasse la peur, et c'est cette force qui transporte les graines jusqu'au cœur. Perçois clairement la peur, fais l'expérience de sa puissance, et rappelle-toi de choisir intellectuellement la confiance. Ne t'inquiète pas si le corps ressent encore de la peur. Ne t'inquiète pas si l'esprit est rempli de doutes. La peur et les doutes sont l'orage qui prépare le sol pour la plantation. Accroche-toi à l'idée de confiance et vois-toi planter de toutes petites graines.

Chaque tempête de peur passe, puis le soleil réapparaît pour réchauffer le cœur là où le froid s'était fait ressentir. C'est justement pendant cette période, pendant le réchauffement du cœur, que les graines de confiance sont nourries. Utilise ce moment comme un maître-jardinier pour aimer les graines que tu sais avoir plantées. Dès que tu ressens de l'amour, remercie les graines de confiance. Dès que tu ressens de la joie ou du bonheur (même un peu) laisse ton sourire briller sur l'idée de la confiance *qui se repose et qui grandit dans ton cœur*. Laisse chaque rire briller sur tes petites graines de confiance. Laisse chaque sourire te rappeler que les graines de confiance sont bien là, dans ton cœur.

À mesure que tu plantes les graines de confiance en t'en rappelant intellectuellement lorsque la peur est là, et à mesure que tu nourris ces graines par ta gratitude et ton bonheur, les graines de confiance prennent racine en ton cœur. Pas besoin d'effort pour les faire pousser. Une fois qu'elles sont plantées et aimées, elles poussent de façon naturelle. Attends-toi seulement à savourer le fruit de la confiance comme une expérience naturelle quand celui-ci sera assez mûr.

Cette réponse, la réponse sur la confiance, est aussi Ma réponse à ta question concernant la « volonté orientée ». Car en répondant à cette question, Je t'ai enseigné comment orienter ta volonté vers la confiance. Orienter sa volonté *sur* la confiance, c'est orienter sa volonté *sur* tout. Tu peux en effet orienter ta volonté sur la confiance en toi-même, sur la confiance en Moi, sur la confiance d'ancrer ta pratique ou même sur la confiance en ta bonne volonté de voir. Orienter sa volonté sur la confiance, c'est créer, et c'est une volonté naturelle qui n'est pas difficile. Car tout comme tu es toujours en gratitude, tu es toujours en confiance. Même quand tu sembles avoir une volonté contre quelque chose, ça n'est pas vrai : ta volonté est toujours pour quelque chose. Tu ne peux qu'avoir une volonté *pour* quelque chose, puisque tu es le Fils de Dieu. La question, bien sûr, est sur quoi ta volonté est elle orientée en ce moment ?

Rappelle-toi de la puissance de ta volonté et de la force de ta puissance, même quand tu as une volonté qui semble être orientée dans un sens contraire et quand ta puissance apparaît comme la faiblesse de l'impuissance. Rappelle-toi toujours ce qui est vrai, même quand tu fais l'expérience du masque de ce qui est faux. Alors, en te souvenant de la vérité... en t'en rappelant n'importe où dans ton esprit... plante les petites graines de confiance. Sache que si tu les as plantées, elles vont certainement pousser. Laisse la puissance, c'est-à-dire la lumière, les transporter jusque dans le sol fertile de ton cœur.

Calme, acceptation et confiance

Saint-Esprit : Aie confiance. La confiance est toujours la clé. S'accrocher à la confiance, c'est tout, parce que la confiance, c'est la manifestation de la connaissance de ton amour combinée à la conscience que l'amour reconnu comme amour est l'évidence de ce qui est réellement vrai.

Il n'y a rien à craindre dans le monde. Il n'y a rien à craindre du tout dans le monde. Mais quand tu choisis l'idée de la peur, tu choisis aussi les effets ou l'expérience de la peur. L'intensité de l'expérience est directement liée à l'intensité de ton choix. Plus ton choix d'avoir peur est fort, plus ton expérience sera forte. Plus tu persistes dans ton choix de la peur, plus ton expérience sera persistante. Mais si tu permets à ce choix de la peur de s'estomper en choisissant la confiance de façon forte et persistante... eh bien, une autre expérience en découlera. Et l'intensité et la persistance des miracles qui proviendront de ton choix vont t'émerveiller. Ainsi, tu tomberas de plus en plus amoureux de tout comme étant Moi, ce qui est ta vérité.

Tu aimes l'idée de l'amour, et tu aimes aussi la connaissance du bonheur. C'est parfait. Quand tu es attiré par l'amour et la connaissance de ton propre bonheur, tu persistes davantage dans le choix que tu en fais. Et puisque l'expérience provient toujours du choix, tu seras très satisfait par les expériences qui proviennent *de la conscience* de ton choix constant de ce que tu veux vraiment.

... L'énergie de mon message te paraît plus basse maintenant parce que tu as choisi une énergie plus basse en te rappelant des moments où ce choix était difficile...

quand tu semblais être victime des choix qui sont faits par le mental. Pendant ces moments-là, il peut te paraître difficile d'orienter ta volonté sur ce que tu veux, et tu peux même avoir l'impression d'échouer dans ton choix de faire l'expérience de ce que tu veux vraiment.

Sache que tu n'échoues jamais. Cela peut te paraître irréel... une sorte de concept que Je te donne uniquement pour te rassurer... mais ça n'est pas un concept. C'est la vérité absolue. Tu n'échoues jamais. L'échec est impossible pour le Fils de Dieu.

À chaque moment, tu fais l'expérience de ce que tu choisis d'expérimenter. Il est important que tu le réalises, car en résistant à l'expérience du moment, c'est à toi que tu résistes. La résistance, comme je te l'ai dit, c'est la peur. C'est aussi la haine. Alors, même en résistant ou en jugeant ton émotion de haine, ce que tu choisis en vérité, c'est d'orienter ta volonté *sur* une expérience, et tu fais donc l'expérience de ce que tu as voulu. Le truc pour changer une expérience que tu n'aimes pas, ou que tu n'apprécies pas, en une autre expérience que tu préférerais, c'est d'accepter totalement l'expérience du moment.

Si ton expérience est la haine, regarde-la. Si c'est le doute ou la peur, observe-le. Si tu projettes sur d'autres ou bien si tu t'attaques toi-même, arrête-toi et regarde. Arrête, juste le temps d'un instant, observe directement ton expérience telle que tu l'as désirée et dis :

« Voilà comment je me sens. Voilà les pensées que je vois dans mon esprit maintenant. J'accepte ceci exactement tel que c'est, sans vouloir le prolonger plus longtemps que nécessaire. »

Puis reste dans l'énergie d'acceptation. La durée et l'intensité de l'expérience dureront aussi longtemps qu'il le faut afin qu'elles correspondent à la durée et à l'intensité de ton choix. *Désire que l'expérience dure.* Aie la bonne volonté que l'expérience de la haine ou du doute continue en tant qu'expérience, et rappelle-toi que l'expérience n'est rien d'autre qu'un mirage qui t'est livré par le désir et par la puissance de la lumière.

Parfois, tu veux une réponse immédiate à ton expérience... un changement immédiat de l'expérience du moment en un ressenti que tu te sais préférer. Savoir que tu préfères une autre expérience n'a rien de mal. C'est ce savoir qui te fera choisir les expériences que tu veux avoir. Mais résister à l'expérience courante en la jugeant et en te battant pour avoir une réponse immédiate ou un changement instantané, c'est résister, ou te juger toi-même. Et c'est donc continuer *d'orienter ta volonté sur* ce que tu réalises ne pas vouloir.

L'acceptation est la réponse... l'acceptation patiente, en même temps que la réalisation de la lumière. Ne sois pas pressé. Attends-toi plutôt à ce que les effets que tu désires arrivent longtemps après. Calme ton esprit, accepte et fais confiance. Remarque les tentations de résister. Et à cet instant, choisis à nouveau. Ceci est vraiment la meilleure façon de t'aider. Par les résultats qu'elle donne, elle t'apprend clairement qui tu es.

Et si tu ressens de la peur maintenant... la peur d'échouer dans ce que je te demande, peur de ne pas être à la hauteur, ou peur de constater que la « petite idée folle »[2] est tout ce qu'il y a de vrai... ne résiste pas à la sensation que

---

2. Helen Shucman a été la scribe d'*Un Cours en Miracles*, et l'image des rouleaux se réfère à une vision qu'elle a eue dans laquelle elle avait le choix de dérouler ou non plusieurs rouleaux qui lui étaient donnés : chacun des rouleaux contenait une connaissance ; l'un contenait le Passé, l'autre le Futur, et celui du milieu la mention « Dieu est ». C'est ce dernier qu'elle a choisi d'ouvrir.

tu appelles peur. Ne résiste pas à la panique dans ta poitrine. Ne résiste pas à ce que tu vois dans ton esprit. Accepte-le. Oublie les résultats futurs maintenant. Un esprit projeté dans le futur, avec la peur comme filtre, ne peut que connaître encore davantage l'expérience de la peur.

Calme-toi maintenant, accompagne l'expérience du présent et accepte-la. Vois-la comme la lumière. Vois-la comme l'expérience que tu as désirée. Ne te retourne pas à la recherche d'une pensée. Reste seulement dans le présent. Reste seulement avec l'expérience. Focalise-toi sur l'acceptation. Garde l'image d'Helen Shucman et du rouleau à l'esprit. Et maintiens le rouleau ouvert juste sur le présent afin de ne pas regarder le passé ni imaginer le futur. Reste là, dans ton expérience de l'instant. Et accepte sans jugement la pureté et la perfection de l'expérience que tu fais maintenant.

Question : Je m'attends à de la résistance dans mon esprit. Quand la haine bouillonnante ou bien la peur paralysante se manifestent dans mon esprit, il me paraît alors impossible de faire tout ça.

Réponse : S'attendre à de la résistance, c'est la peur. Ne te laisse pas berner en pensant que ceci est de la connaissance. Ça ne l'est pas. C'est une peur présente projetée en avant afin de résister à l'acceptation du moment présent tout en niant cette résistance. Ça n'est rien d'autre que passer à côté et pratiquer la création de la peur en évitant d'observer et d'accepter le moment présent (tel qu'il est).

Ne passe pas à côté du moment présent. Observe-le, embrasse-le, accepte-le et rappelle-toi que tu ne peux faire cela que maintenant. Fais de cela ta seule pratique aujourd'hui.

Être le Maître

Saint-Esprit : Attribuer trop d'importance à quoi que ce soit dans le rêve peut être une erreur dans ton esprit, parce que rendre une chose réelle dans le rêve, c'est rendre le rêve réel. Et ceci, tout particulièrement, c'est oublier qui tu es. C'est la même chose que de rendre réelle l'idée de guérison. S'il est vrai que tu dois guérir, alors il est aussi vrai que tu n'es pas la perfection absolue maintenant, ce qui n'est pas le cas.

Le meilleur endroit où demeurer dans l'esprit est de te souvenir que tu es maître de ton esprit maintenant. Tu ne travailles pas en vue de la maîtrise. Cela voudrait dire que tu es en quelque sorte, à présent, moins que ce que tu es. Tu es maître maintenant. Tu ne peux être rien de moins, parce que tu es toujours complètement ce que tu es.

À présent, en réalisant que tu es maître, observe le rêve. Observe l'ensemble de ce rêve avec admiration, en te rappelant que tu l'as créé pour toi. L'admiration dont je te parle ne doit te causer ni souci ni te rendre sérieux. Elle est de la pure appréciation. Ceci étant, quand tu observes le rêve en l'appréciant, avec admiration, ce n'est pas vraiment le rêve lui-même qui t'inspire. Ta véritable inspiration... la vraie source qui inspire ce sentiment d'admiration... c'est la puissance qui crée le rêve. Et cette puissance, c'est toi dans ta vérité en tant que maître authentique et total de ton esprit. Dans cette admiration, ce que tu apprécies c'est la conscience de toi-même en tant que Qui Tu Es vraiment. Et, comme tu le sais, ce que tu apprécies grandit dans ta conscience. Donc, en t'appréciant dans ta vérité, tu deviens davantage conscient de ta véritable maîtrise.

Quand toutes les choses du rêve sont vues comme étant identiques, tu détaches l'esprit de sa focalisation sur l'illusion et tu le replaces dans la perspective juste, qui est la focalisation sur l'Esprit que tu es. C'est pourquoi je t'ai enseigné l'acceptation... l'acceptation de toutes les situations et de tous les ressentis. Résister juge qu'une chose est différente d'une autre, alors que l'acceptation accepte que les choses soient toutes les mêmes. Quand tu Me demandes de t'aider à faire face à des situations particulières et donc différentes les unes des autres, tu ne les acceptes pas comme étant identiques. De cette façon, tu considères le rêve comme quelque chose de réel et tu perds de vue le maître que tu es.

Ne pas perdre de vue le maître que tu es, c'est apprécier le rêve *et* en rester détaché en même temps. C'est le voir vraiment comme une expérience et non comme la réalité. À mesure que tu maîtrises cette perspective, qui est de te rappeler que tu es maître, tu te réappropries ta réalité même en continuant le rêve. Tu lis le code, en quelque sorte, comme le symbole qu'ils utilisent dans le film Matrix. Tout en lisant le code, tu apprends à le changer ; tu enlèves une ligne par ci, et tu en ajoutes une autre par-là, là où cela te semble approprié. En faisant ceci, tu observes le rêve en train de changer. Tu vis l'expérience de façon plus alignée avec ce que tu veux ressentir.

Même si beaucoup d'efforts et d'attention semblent nécessaires pour y arriver... et Je t'ai Moi-même appris que l'attention est importante... il vient aussi un temps où tu dois arrêter de donner aux choses une attention spéciale, et commencer à les rendre toutes identiques.

Rends toutes les choses identiques. Tout est du code qui provient de la mémoire de ton esprit. La mémoire est faite de décisions que tu prends quand tu regardes et observes. Tout est pareil. Rien n'est différent. Deux choses ne peuvent être qu'identiques.

À présent, regardons ensemble tes questions spécifiques et voyons comment leur appliquer cette idée que tout est identique. Rappelle-toi, voir que toutes choses sont identiques, *c'est ne pas se perdre dans l'illusion*. Voir l'identique, *c'est garder l'esprit focalisé sur lui-même*.

Question : Pourquoi nous sentons-nous quelquefois abandonnés quand notre message ne semble pas être reçu, apprécié ou compris par d'autres ?

Réponse : Dieu est partage. Vous en avez parlé hier soir. Donc, ce qui est différent de Dieu est *non partage*, et c'est l'expérience que tu décris ci-dessus. Remarque que je fais référence au *non-partage* comme étant une expérience. Ce n'est pas du tout une réalité. La Réalité est partage total et parfait, toujours. Quand tu es conscient de la réalité, mais explores aussi l'expérience de l'illusion, tu peux être admiratif et apprécier Ce que Tu es. Qu'il est merveilleux l'être qui se crée une pure expérience de non-partage grâce au partage total et parfait !

Observe l'expérience de tes frères et le rôle qu'ils jouent dans le non-partage. *Tout ceci est total...* un partage total pour créer l'expérience du non-partage. Tu ne peux apprécier le partage total et te sentir totalement abandonné en même temps. Une expérience peut avoir lieu, mais la conscience et l'appréciation seront aussi présentes dans l'esprit.

Question : Que doit-on faire quand on sent une humeur venir... une vague d'énergie ou d'adversité qui semble arriver sans raison apparente ? C'est comme si on captait l'énergie plus basse de quelqu'un d'autre. Ou cela peut juste être une humeur sans raison spécifique, abstraite.

Réponse : Les humeurs sont des énergies, comme toutes choses sont de l'énergie. C'est comme ça que tu dois voir l'identique. C'est de l'énergie. C'est de la lumière. Ça vient toujours de toi. C'est de l'expérience. C'est dans l'esprit maintenant, mais ça n'est pas permanent. C'est ce que c'est et rien de plus. Cela doit être accepté.

C'est le jugement de l'humeur qui déclenche un ressenti de souffrance. L'humeur elle-même n'est rien de plus que la puissance de la lumière transmutée en une expérience. Bien sûr, tu peux toujours choisir une autre expérience, mais seulement après avoir accepté la puissance de l'expérience comme étant toi, et tu fais cela en embrassant l'expérience que tu as créée.

Vous avez fait l'expérience d'un bon nombre d'émotions ces temps-ci. C'est utile, car c'est en les expérimentant toutes et en les acceptant comme venant de vous-mêmes que vous commencez à accepter le large éventail que vous êtes. Résister à cet éventail, c'est limiter l'expression que vous êtes, et limiter c'est juger contre la liberté. Vous ne pouvez pas juger la liberté et aimer son expérience à la fois. Pour aimer l'expérience de la liberté, apprenez à rester dans ses effets sans juger. Ne craignez pas que ses effets continuent sans fin. Tous les effets sont temporaires. Mais vous les utilisez pour vraiment apprendre qui vous êtes.

Question : Comment transcendons-nous le programme d'échec ? C'est-à-dire, comment allons-nous au-delà du ressenti « je n'y arriverai pas » ?

Réponse : En n'y résistant pas. La souffrance que tu ressens quand tu fais l'expérience de l'échec (ou de l'échec potentiel) est la forte résistance due au fait que tu crois être cela. Tu n'es pas celui qui semble faire l'expérience de l'échec. Tu es celui qui crée l'histoire et qui choisit d'en faire l'expérience. Ce n'est pas un échec. C'est la maîtrise totale de la parfaite liberté, et c'est aussi la puissance authentique de la lumière.

Les enseignements de base que Je t'ai donnés sont les clés à toutes tes questions. Tout se trouve dans l'esprit. Tout est créé par toi et pour toi. Ce que tu vois n'est rien d'autre que des idées, et ces idées sont un mélange de ce qui est vrai et de ce qui n'est pas vrai. Toutes les idées se manifestent en expérience, et c'est ainsi que tu dois les expérimenter. T'apprécier, c'est accepter l'expérience. Y résister, c'est te couper de toi-même.

Observer et accepter sont très importants parce que tu te souviens alors de Qui Tu Es. Ce n'est qu'en réalisant ta maîtrise que tu peux choisir de réécrire le code. Quand tu ne t'en souviens pas, tu es toujours maître et tu continues à expérimenter ta maîtrise, mais tu l'appelles souffrance parce que tu penses être la victime de quelque chose que tu ne veux pas. C'est une expérience totale. Et l'accepter *en tant que telle et rien d'autre*, c'est une réalisation qui change toutes choses en les rendant toutes identiques.

Va maintenant et accepte. Calme ton esprit, accepte et fais confiance. Et même mieux... calme, accepte et *sache* que tu es le créateur de toutes tes expériences. Fleuris dans ton expérience, et apprécie ta réalité.

Question : Peux-tu nous dire ce que tu veux dire par « fleuris dans ton expérience » ?

Réponse : Oui. Accepte-la. N'y résiste pas. Sache qu'elle vient de toi. Fleuris dans la conscience de toi-même. Cette floraison, c'est se réveiller à la vérité qui est toujours et à jamais vraie. Rien d'autre n'existe que ce qui est vrai de toi. C'est la seule réalité. *C'est ça* qui rend toutes les choses identiques.

Le code

Question : Que nous partagerais-Tu nous aujourd'hui qui pourrait nous éclairer plus sur « le code » dont tu nous as parlé dans le message d'hier ?

Réponse : Le code est fait d'idées, de même que, dans l'illusion, toutes choses sont des idées. On peut voir le code comme des manifestations dans la forme, on le ressent comme des émotions, on peut l'entendre comme des pensées. La meilleure façon de regarder le code, c'est de le voir comme le *directeur potentiel d'expérience*. Je dis que c'est un directeur potentiel d'expérience, parce que le code ne dirigera ton expérience que si tu crois complètement en lui. Même si tu arrêtes partiellement de croire au code, il n'exercera plus une influence totale sur toi. Le code ne peut diriger ton expérience qu'en fonction du degré auquel tu y crois.

Le code vient de toi... de chacun de vous tel que vous vous percevez à présent... mais c'est toi. Le code qui t'influence le plus directement dans ton expérience d'individu est le code qui vient le plus directement de toi, mais tout code en influence un autre, ce qui fait qu'on ne peut déterminer de véritable séparation dans le code. Il est très important d'accepter qu'il n'y ait pas de séparation et cela est toujours vrai et constamment reflété dans le code.

Le code fabrique l'illusion. Si tu fais l'expérience de l'illusion à quelque degré que ce soit, tu fais l'expérience du code. Et tu fais toujours l'expérience de la totalité du code, et ce, même si le code peut être expérimenté différemment. Cela est dû au fait que le code est un code à strates, et les strates sont des niveaux vibratoires différents du même code de base. Ajoute à cela le phénomène d'une interprétation individuelle écrite, et le code semble ainsi présenter une myriade d'angles différents. Mais tout cela est un seul code unique.

L'interprétation individuelle écrite (dans le script) vient aussi du code. Cette facette du code se manifeste dans l'esprit sous la forme de tes pensées, de tes émotions (ou sensations) et de tes réactions. C'est une interprétation d'événements partagés, et ta réaction ou ta croyance au code individuel interprété vient alimenter l'écriture générale de la totalité du code et de l'expérience globale.

Ceci étant dit, voici ta seule responsabilité tant que tu sembles être dans un corps et dans un monde :

Ton influence sur la totalité vient de ton interprétation du code, que tu revis alors comme code individuel interprété ou bien que tu choisis de ne pas revivre en reconnaissant ta capacité créatrice. À un moment ou un autre, tu vas devoir reconnaître ton pouvoir de changer le code ou bien tu resteras « piégé » au sein de la croyance ou de l'acceptation que le code est réel. La seule façon d'être libéré du code, tout en l'écrivant, c'est de reconnaître ta liberté et de choisir d'écrire un code différent.

Dans sa forme de base, le code individuel interprété arrive à l'esprit sous forme de pensées, de sensations ou de réactions au code global illusoire. C'est une partie de la totalité, mais c'est une partie *qui fait la totalité*, alors elle est aussi significative que le code global. Tu dois être conscient de ton code individuel interprété, et tu dois jauger ce code selon l'idée de ton vrai désir. Quand le code est aligné sur cette idée, tu le ré-acceptes dans l'esprit. Ceci vient donc s'ajouter au code total. Cela affecte la totalité ainsi que ton interprétation individuelle évolutive.

Si le code tel que tu le reçois ne correspond pas au vrai désir du cœur, c'est alors le moment de reconnaître que tu es créateur et d'éditer le code. Éditer le code, c'est faire un changement : le code tel qu'il a été reçu n'est alors plus l'idée que tu acceptes de croire dans l'esprit comme si elle était vraie. En d'autres termes, tu n'alimentes plus le code total du monde avec l'idée qui n'est pas alignée. Autrement dit, l'idée n'est plus partagée dans l'esprit qui est la Filialité.

Afin de ne pas repartager une idée, tu dois reconnaître ton pouvoir. Tu dois t'approprier ton pouvoir et choisir d'être le rôle de source ou de créateur plutôt que de jouer la victime de tes pensées. Accepter que le code vienne de toi à travers ton interprétation passée, c'est accepter ta responsabilité pour le code. Cette acceptation peut sembler facile ou difficile. Tu peux accepter l'idée d'être le créateur avec joie ou avec beaucoup de résistance. Le temps qu'il te semblera falloir pour accepter la responsabilité pour le code variera selon ta réaction première. Ne te juge pas pour la facilité ou la difficulté avec laquelle tu acceptes la responsabilité pour le code. Lâche prise, détends-toi, et sois patient. Accepter sa responsabilité est la clé, alors peu importe le temps que ça prend, c'est du temps bien dépensé.

Accepter sa responsabilité pour le code et accepter (ou permettre) sa réaction à celui-ci est différent de ré-accepter (croire) le code dans l'esprit. Quand tu t'appropries ton pouvoir de créateur et choisis alors d'accepter ta responsabilité, tout comme d'accepter les effets du code tels que tu les avais interprétés précédemment, tu choisis alors de ne pas ré-accepter ou croire le code. Si tu avais ré-accepté le même code dans l'esprit, tu ne te serais pas arrêté pour voir que cette ligne de code *n'avait pas besoin d'être*. Tu n'aurais pas reconnu ton pouvoir. Tu ne serais pas conscient qu'il y a une autre façon de voir. Donc, à chaque fois que tu t'arrêtes pour regarder le code, tu changes le code en passant à un autre niveau vibratoire.

C'est vrai que ce n'est pas une vraie édition du code. Le symbole de l'édition est utile, mais au niveau de l'individu, ce pouvoir n'existe pas. Rappelle-toi, le code, avec tous ses niveaux, vient de la totalité ; alors en choisissant une autre façon de voir, tu choisis de changer de niveau vibratoire et de passer à un autre niveau du même code de base. Toutes les options sont déjà écrites, mais l'option que tu choisis affecte l'écriture générale de chaque strate du code.

L'expérience est différente de la réalité, et essayer de réconcilier les deux par l'intellect est impossible. Mais *on comprend* la réalité ainsi que ses effets sur l'expérience par le non-intellect. On ne peut pas la décrire par des mots, mais elle peut être vue et vue clairement. Aussi, quand elle est vue, elle est vue d'une perspective qui n'est pas la totalité puisque l'interprétation individuelle est toujours d'actualité. L'interprétation individuelle est ta liberté, et ta liberté combinée avec la totalité de tous crée le *potentiel illimité qu'est Dieu*.

Le Saint-Esprit m'a donné le symbole d'un diamant pour m'aider à comprendre ce qu'est l'interprétation individuelle de Dieu. J'ai vu qu'à partir de chaque perspective, on voyait Dieu clairement et sans confusion, et pourtant, chacune est différente ou individuelle.

Pense à un diamant. Vois chaque facette sur le diamant comme ayant la capacité de voir, de penser et de comprendre. Chaque facette est du diamant... du diamant pur et parfait... et chaque facette a une perspective différente quand elle regarde le diamant. Chaque facette ne voit rien d'autre que le diamant, mais depuis sa perspective unique et individuelle.

Un peu plus tard, je reçus cette inspiration...

Plus le taux vibratoire est élevé, plus grand sera l'effet général. Plus le taux vibratoire est bas, plus petit sera l'effet sur le général. Cela veut dire qu'un individu à un degré vibratoire élevé a un effet plus grand qu'un autre à un moindre degré. Un individu à un degré vibratoire très élevé peut avoir un très grand effet sur plusieurs.

Puis, Régina se demanda comment une idée originale peut être introduite dans un code recyclé :

Une nouvelle idée originale ou option est créée par une nouvelle combinaison de sélections parmi les options existantes.

Le chemin de la paix

Saint-Esprit : La paix est tout. Je t'ai déjà dit que la confiance était tout, mais la paix aussi est tout. Les deux vont de pair et sont inséparables, ce qui fait que l'une ne peut être tout sans que l'autre ne soit tout également.

Permets-moi de redéfinir la paix pour toi. La paix, dans l'expérience de l'illusion avec l'expérience d'un esprit-ego, c'est la confiance au-delà du doute, l'acceptation au-delà du jugement, et le calme au lieu de la souffrance. C'est en fait choisir de se calmer au lieu de résister (ce qui est souffrance).

La paix est nécessaire à la guérison. Sans paix, tu es pris dans un code illusoire, et ta peur du code devient réelle. C'est le contraire de la paix. Avoir peur du code, c'est souffrir.

La paix est le chemin vers la Paix de Dieu. L'acceptation paisible et la confiance te réveillent à ce que tu es vraiment. L'acceptation paisible *est* l'éveil. Nier et résister, c'est choisir la souffrance.

Tu as demandé si résister était obligatoire sur le chemin de l'éveil. La réponse, bien sûr, est non. Tu choisis chacune de tes expériences, y compris les expériences de résistance, et tu en fais l'expérience exactement au degré que tu désires.

Peut-être te demandes-tu pourquoi tu choisis la souffrance de la résistance quand tu peux faire l'expérience de la paix. La réponse est simple, et celle-là, J'en suis sûr, tu ne l'as pas oubliée : tu choisis de résister parce que tu choisis de ne pas te connaître complètement en tant que ce que tu es. *Résister sert ton choix de ne pas te connaître tel que tu es.*

Par ta question suivante, tu te demandes comment lâcher la résistance, puisque tu désires être heureux et libéré de la souffrance. La réponse ici encore est simple : choisis le bonheur *par ton désir orienté* ainsi que la paix.

Quand Je te dis de choisir le bonheur par un désir orienté, Je te dirige vers les choix que tu dois faire dans le code. Tu dois adopter les choix qui te rendent heureux. Suis ton propre bonheur, et tu ne te tromperas jamais de choix.

La paix est l'acceptation de tout, y compris le choix de choisir ce que tu ne veux pas. Quand tu as fait un choix qui ne te rend pas heureux, sois en paix avec ton choix. Accepte ce que tu as fait. Ne résiste ni à la décision ni à ses effets. C'est en acceptant ta responsabilité que tu deviens plus responsable, et ceci va t'amener à choisir davantage librement ce que tu veux.

Ne demande pas que les choses changent trop rapidement. Aie la bonne volonté de prendre ton temps. *Le chemin lent est le chemin rapide, parce que le chemin lent est le chemin de la confiance.* La confiance ne voit pas le besoin d'aller vite.

Le désir de s'abandonner

Question : Saint-Esprit, y a-t-il quelque chose que tu voudrais nous dire ? Ce qui m'intéresse particulièrement, c'est d'apprendre comment m'abandonner plus facilement.

Saint-Esprit : Le désir de s'abandonner est l'un des désirs les plus utiles que tu puisses avoir sur le chemin de l'éveil à Moi, qui est aussi le chemin de l'éveil à toi. Ceci parce que l'ego est une pensée sournoise et astucieuse, que tu as créée afin de t'apprendre ce qui n'est pas vrai. Et puisqu'elle est ta création, elle a une sagesse que tu écouteras jusqu'à ce que tu apprennes que *ne pas écouter* est le chemin que tu veux prendre.

L'abandon est la façon de ne pas écouter l'ego, et c'est grâce aux récompenses de l'abandon que tu te rends compte que tu veux encore plus *ne pas écouter*.

Quand tu t'abandonnes, tu ne quittes pas Ta véritable dimension, puisque Ta véritable dimension est tout ce qui est. Mais tu fais quand même appel au Cœur de Qui Tu es, qui est en dehors de la dimension limitée de ta pensée. Afin d'aller au-delà des portes de ta pensée, tu dois t'abandonner, parce que le désir qui est manifeste à l'intérieur des limites de ta pensée est le désir d'écouter attentivement tout ce qu'elle dit.

L'abandon est un désir. C'est un désir du cœur. C'est le désir de se connaître Soi-même tel que l'on est vraiment au-delà de la perception limitée de la pensée. Afin d'accéder au-delà de la pensée, on doit calmer et taire la pensée. Voilà l'idée qui est derrière l'abandon.

Pour t'abandonner, je te conseille ceci : exerce-toi tout d'abord à *être sans désir*. Cette idée effraie un bon nombre de gens, parce qu'ils craignent qu'en n'ayant plus de désir ils vont perdre ; mais être sans désir, c'est être dans un état de calme qui t'amène au-delà des désirs limités du mental, et te conduit vers la guidance des désirs illimités du cœur.

Être sans désir, c'est lâcher tout ce que tu penses vouloir à l'exception de l'objectif de t'éveiller, qui est aussi l'objectif de servir. Quand tu choisis de t'abandonner, tu choisis d'être uniquement au service de l'objectif de la vérité, et si tu choisis de servir un seul objectif, tous les autres objectifs sont forcément lâchés.

Tu sauras dans l'honnêteté de ton cœur quand tu auras atteint le point de non-désir, quand plus aucune chose n'importera. Quand tu es libre, totalement libre, de faire ce que le Père te demande, alors là, demande-lui ce que tu dois faire. Une réponse viendra. Fais ce qu'elle te dit, sans te poser de question.

À mesure que le sans-désir devient de plus en plus fort dans ton cœur, les désirs du cœur se feront connaître. Souviens-toi que ces désirs-là ne viennent pas de la pensée, mais de la connaissance ; ils ne sont donc pas le fruit de décisions conscientes, mais de l'inspiration, ou guidance, qui semble provenir de l'inconnu. Quand on te révèle un pas, et non le plan en entier, tu peux être confiant qu'il s'agit là de la bonne direction. Suis les pas qu'on te donne à faire. Célèbre le pas qui t'est donné et réjouis-toi. Puis, par la gratitude pour l'abandon, le prochain pas se dévoile. En son propre temps, le chemin se révèle, et c'est un moment de grande célébration pour l'esprit qui s'est abandonné à l'amour.

Prends ton temps et détends-toi. Comme toujours, la patience est une bénédiction. *Confiance et joie sont les fruits de la patience et les graines des miracles sur le chemin de l'abandon.*

Le code zéro, c'est du code zéro

(Suite au message « Le code », d'autres idées nous sont venues, comme celle que tout code informatique est composé des chiffres zéro et un. Comme dans l'analogie du Code dans lequel le Saint-Esprit nous dit qu'il est fait d'idées, certaines vraies et d'autres fausses, on s'était dit, arbitrairement, que le code zéro représenterait les idées fausses, et le un les vraies. Il en a de suite profité pour nous éclairer par le message suivant.)

Saint-Esprit : Le code zéro, c'est du code zéro. Il n'y a rien « d'autre » à apprendre. Il n'y a que ceci. Je te donne plusieurs manières de voir ce fait, et je continuerai de t'aider de la sorte. Je ne te laisserai *jamais* sans réconfort. Je serai toujours dans ton esprit, te guidant et te réconfortant, aussi longtemps que tu désireras la pensée de Moi. Rappelle-toi : Je suis la manifestation de ton désir de Te connaître tel que tu es vraiment. Mais Je n'ai rien à t'apprendre que tu ne connaisses déjà. Je ne peux rien te donner qui ne t'appartienne déjà.

La voie simple, c'est de réaliser que toutes les idées sont dans l'esprit. La voie la plus facile, c'est de réaliser que *toutes les expériences* viennent de toi, y compris l'expérience de Moi. Et la meilleure voie, c'est de te rappeler vraiment ce que tu veux, et de choisir toutes tes idées à partir de cet espace, de ce rappel. Quand une idée arrive dans l'esprit en tant que pensée, ou dans l'expérience en tant que ressenti ou manifestation d'une idée, observe attentivement ce que tu crois. Rappelle-toi que toutes choses sont des idées. Il n'y a pas deux choses qui soient différentes. Il n'y a jamais d'exception à la cause. Puis demande-toi :

« Cette idée est-elle alignée sur mon objectif de m'éveiller à moi-même tel que Je suis vraiment ? »

Tout en te posant cette question, souviens-toi que tu dessines toi-même ta propre expérience. Rappelle-toi une fois de plus l'expérience que tu veux... l'expérience de Te connaître toi-même tel que tu es... et prends toutes tes décisions à partir de cet espace.

Il est vrai que tu acceptes du code zéro sans réaliser que tu crois que le faux est vrai. Tu t'es oublié, et tu vois des idées illusoires à travers ce voile d'oubli. C'est une expérience qui t'aurait perdu pour toujours dans l'expérience de ne pas te connaître, à l'exception d'un fait. Et ce fait, c'est Moi. Ce fait, c'est cette partie de ton esprit qui n'a jamais choisi de s'oublier. C'est le souvenir de cette partie de ton esprit... qui est-ce que Je suis ? Je suis le souvenir de Dieu, parce que Je suis *un éclair de manifestation* de la pureté de ta réalisation qui *est* Dieu. Je suis la Voix de ton incapacité à oublier ce qui est toujours vrai. Je suis le souvenir de toi-même.

En tant que partie de toi, Je suis toujours avec toi. Je ne peux pas te quitter et tu ne peux pas Me perdre. Certes Je suis une idée, oui, mais Je suis une idée issue de la vérité... Quand Je parle, Je parle uniquement de ce qui est vrai. Ainsi, Je te suis toujours utile.

À mesure que tu t'éveilles au souvenir de la vérité de ce que tu es, repose-toi sur Moi comme ton guide. Demande-moi tout ce que tu veux et Je viendrai t'aider. Je répondrai à tes questions et Je guiderai tes actions. Je te donnerai tout ce que tu veux bien M'abandonner. Mon objectif est pur, car il ne peut être qu'unifié. Quand tu Me donnes tout, tu donnes tout à l'éveil de qui tu es.

... Il y a des distractions dans ton environnement maintenant, mais ne va pas croire que tu en sois la victime. Ces choses que tu vois, ces sons que tu entends et ces sensations que tu ressens et qui appellent ton attention ailleurs que vers Moi ne sont que des manifestations de la pensée que tu es ce que tu n'es pas. Rappelle-toi que tu es ce que tu es, et fixe ton esprit sur Moi.

Question : J'étais complètement distraite par des événements dans mon environnement et, à présent, je me sens coupable pour y avoir réagi. De quoi voudrais-tu me faire part ?

Réponse : La culpabilité est du code zéro. La culpabilité vient du jugement, c'est-à-dire du choix de te voir en tort pour avoir choisi d'être l'expérience que tu as choisi d'être. Tu ne peux jamais être en tort pour avoir choisi une expérience. Tu ne peux jamais être en tort pour quoi que ce soit que tu choisis d'être. Mais chaque expérience amène avec elle l'expression d'idées, et ce sont ces idées-là que Je te demande de regarder avec Moi.

Comme Je l'ai dit au début, le code zéro *est* du code zéro. Le fait que tu choisisses d'y croire ne le rend pas réel. Ceci est ta libération, et ta liberté. En choisissant de voir à nouveau, tu choisis de choisir maintenant ce dont tu ne t'étais pas souvenu de choisir auparavant.

Je t'ai donné plusieurs outils, et Je continuerai aussi longtemps que tu choisiras de ne pas totalement te connaître. Mais à l'instant où tu choisiras de savoir, tout te sera donné en guise de révision, et en ce qui semblera n'être qu'un éclair, tu choisiras de savoir uniquement que seul le vrai est vrai. À ce moment de décision totale, tu t'éveilleras. On ne peut continuer à dormir quand la non-vérité n'a plus d'influence sur soi.

La plus grande erreur que tu commettes dans l'objectif de t'éveiller à toi-même est de te juger pour les expériences que tu choisis. Et rappelle-toi... juger quelqu'un, c'est te juger toi-même.

Quand tu juges, tu t'enseignes que tu as tort. Et c'est là te séparer d'une idée et dire que tu n'es pas cette idée. En cette décision, tu choisis de ne pas Te connaître toi-même.

Le chemin du rappel est un chemin d'acceptation sans jugement... d'expérience sans souffrance... et de la souffrance vécue à travers la détente silencieuse du non-jugement. Laisse toutes choses te traverser comme le vent qui passe au travers des feuilles d'un arbre. Rien ne peut changer ce que tu es. Juger n'est rien d'autre que le choix de nier la vérité.

En t'exerçant à la pratique du non-jugement en toutes circonstances... face à chaque expérience..., tu remarqueras plusieurs effets. Laisse chacun de ces effets te traverser. Reste focalisé sur l'idée du « code ». Souviens-toi que toutes choses sont de la lumière. Rappelle-toi ton désir de ne connaître que Toi. Sois patient et, en confiance, fais appel à Moi. Fais de ceci ta seule réaction à tout ce qui est faux, et tu mets ainsi en pratique la pratique de l'éveil dans tout ce dont tu fais l'expérience.

Être victime
est une expérience bien ficelée

Question : Laurent s'en va aujourd'hui. Y a-t-il quoi que ce soit dont Tu voudrais nous faire part maintenant ? Ce qui l'intéresse particulièrement, c'est de se défaire de l'expérience de se sentir tiré vers le bas par d'autres.

Réponse : Être tiré vers le bas par d'autres... être affecté par leurs humeurs, leurs champs énergétiques ou bien leurs actions observables... n'est qu'un choix de perception. Mieux que cela, ce n'est qu'une perception, et elle suit toujours ton choix.

Tu ne peux faire l'expérience d'être victime sans auparavant avoir choisi d'être victime. Il n'y a aucune exception à ce fait. Tu es le puissant Fils de Dieu et *toutes* les expériences que tu as doivent suivre ton choix. Il pourrait t'être utile de voir pourquoi tu choisis cette expérience. Quand tu verras pourquoi et constateras que les raisons ne servent plus ton objectif, tu auras d'autant plus la bonne volonté de laisser-aller ton choix.

Être victime, c'est une expérience, mais ce n'est pas juste une expérience comme d'autres expériences semblent l'être. Être victime est une expérience bien ficelée pour t'apprendre que tu es ce que tu n'es pas. C'est le premier fruit de l'oubli. C'est l'anesthésie de la culpabilité. C'est une façon de sortir de la connaissance de qui tu es tout en ressentant en même temps que ce que tu es a fait une chose pour laquelle tu te sens coupable.

Ne pas choisir d'être victime c'est choisir de te rappeler qui tu es. Mais ne pas choisir d'être victime *n'est pas* s'attaquer à la racine. Pour atteindre la racine, tu dois observer tes jugements. Là est la cause de toute culpabilité, et c'est la culpabilité qui engendre l'anesthésie de la victime.

Note le moment où tu captes l'énergie d'un autre, ou quand tu parais être affecté par ce qu'il dit ou fait. Remarque les jugements dans ton esprit. À cet instant-là, tu fais l'expérience du code, tu y crois et tu suis le schéma de cette croyance. Il est alors temps de t'arrêter et de reconnaître clairement ce que tu fais. Si tu regardes avec honnêteté, tu verras ce que tu as besoin de voir. Tu n'es pas une victime. Tu juges puis tu choisis, et tes expériences proviennent directement de toi.

Une fois de plus, cette observation n'est pas une occasion de te juger coupable, même si l'ego te dit que tu l'es. Cette observation est l'occasion d'être libre, puisqu'en réalisant que tu es libre parce que tu es toujours libre, tu peux ainsi choisir de voir différemment. De ce choix, tout le reste découlera. Par ce choix, tu apprends que tu es vraiment libre.

Question : Merci. Y a-t-il autre chose dont Tu souhaiterais nous faire part ?

Réponse : Attends-toi à entendre la voix de l'ego ; mais ceci ne veut pas dire qu'il te faille l'écouter. Il est temps d'orienter ton désir *patiemment* vers la réalisation du maître que tu es.

Prends les leçons que Je t'ai données et rends les unes avec ton âme grâce au désir orienté. Sois alerte et vigilant aux distractions que sont le doute, la résistance et la peur, puis rends les commandes à ton cœur. Avec le cœur qui conduit et sans nécessairement te presser, digère tout ce que je t'ai appris à enseigner. Davantage d'aide te sera donnée, mais n'en attend pas plus. Prends ce que tu as maintenant, rappelle-toi qui tu es maintenant, et mets tout cela en pratique dans la plénitude du désir de ton cœur. Ne laisse pas les distractions te tirer vers l'extérieur. *Ceci est* ton travail à présent. Pratiquer ces messages avec l'intégralité de ton être te conduira là où tu dois aller.

Les « brumes d'inquiétude »

Question : Saint-Esprit, Tu nous as donné de merveilleux outils dernièrement que nous avons tant appréciés. Pourtant, il nous semble toujours avoir des pensées d'inquiétude qui s'agrippent à nous... les apparentes petites peurs qui ne s'en vont jamais. Je réalise que ces « brumes d'inquiétude » doivent sûrement s'accrocher à nous bien plus que nous le croyons. S'il Te plaît, parle-nous de cette anxiété continue et plus sourde.

Réponse : Ces peurs sont continues et sourdes parce qu'elles sont construites dans le personnage. Les peurs qui sont construites dans l'expérience, appelons-les *les peurs-événements*, peuvent paraître plus fortes et plus traumatisantes, mais elles vont et viennent selon les événements. Les peurs qui sont, elles, construites dans le personnage sont des codes qui sont davantage les fondements de l'expérience générale. Ce personnage attire ces peurs-événements selon les peurs construites dans le personnage.

Il est important de se rappeler que le personnage n'est pas vrai. Il n'est pas toi. Tu dois pouvoir regarder le personnage ainsi que ses peurs sans t'identifier à eux. Ton rôle est de défaire les idées fausses en voyant qu'elles sont fausses, et tu ne peux le faire aussi longtemps que tu maintiens qu'elles sont vraies, t'identifiant à elles.

Essaye ceci : prends du recul par rapport au personnage en ne l'appelant pas « moi » ou « je ». Appelle-le plutôt « le personnage dans mon esprit ». Puis couche par écrit les peurs du personnage. Réalise que ces peurs sont construites dans sa personnalité, mais que tu n'es pas la personnalité. Ce pas de recul te permettra de te détacher un peu plus de tes peurs, parce qu'elles ne seront tes peurs qu'aussi longtemps que tu croiras que le personnage, c'est toi.

En observant les peurs du personnage, remarque quand tu ressens l'emprise de croire que ce sont les tiennes. Cette emprise peut alors te paraître plus forte (ou moins sourde) quand tu regardes ces peurs directement *en reconnaissant qu'elles ne sont pas toi*. Parce que tu es à présent face à la peur d'abandonner le moi.

Respire dans cette peur, repose-toi en elle. En regardant cette peur, tu t'aperçois de l'emprise qu'ont ces peurs sourdes sur toi. Elles sont comme de la glu, ce sont des peurs qui t'attachent et te lient au personnage. Ce sont les peurs dont tu aimes avoir peur, parce qu'elles t'empêchent de Te connaître Tel que Tu Es vraiment. Maintenant que tu les regardes avec l'intention de les laisser aller dans ton esprit, tu t'aperçois que ce ne sont plus les petites peurs qui te terrifient, mais que c'est de *ne pas en avoir peur* qui te fait le plus peur.

Une fois que tu réalises ceci, tu comprends l'objectif de tes « brumes d'inquiétude ». Une fois que tu remarques leur objectif, elles ne peuvent plus avoir la même emprise sur toi. Car dorénavant, à chaque fois qu'elles viennent dans ton esprit, tu peux les voir pour ce qu'elles sont. Elles sont l'élément-clé du filtre qui t'empêche de savoir qui tu es.

Quand tu vois ces peurs-du-personnage, récurrentes, revenir dans ton esprit, reconnais-les pour ce qu'elles sont. Appelle-les par leur nom. Dis-toi, « Voilà la pièce du filtre qui est là pour m'enseigner que je suis ce que je ne suis pas ! ».

Chaque fois que tu identifies la peur pour ce qu'elle est, tu abandonnes un peu plus le désir de t'y agripper. Parce qu'à chaque fois que tu choisis de dire cette phrase, tu choisis de reconnaître *encore plus ce que tu veux vraiment.* Tu choisis en fait de dire à l'esprit « Ce que je désire, c'est Me connaître ; ne pas Me connaître, c'est ce vieux désir qui meurt en moi ».

Lâcher la peur,
c'est lâcher le personnage

Saint-Esprit : Je t'ai parlé de l'abandon et du fait d'être sans désirs. À présent, je voudrais te parler du fait d'être sans peur. Le désir, s'il est autre que le désir de connaître Ma Parole, peut bloquer la guidance que Je donne. La peur aussi peut bloquer Ma guidance. Ou elle peut t'empêcher d'avancer dans ce que Je t'ai demandé de faire.

La peur est une émotion complexe parce qu'elle vient de divers jugements dans l'esprit et elle peut prendre différentes formes. La peur peut sembler ne pas être de la peur quand elle est vécue sous la forme d'autre chose, comme la colère, la critique ou la haine. Le commentateur qui n'arrête pas de parler dans l'esprit est une manifestation de la peur.

Le problème avec la peur est qu'elle n'est rien de spécifique qui peut être montré du doigt ou que tu puisses réparer *en faisant quelque chose* dans la forme ou bien en faisant quelque chose différemment. La peur est du code zéro, donc elle doit être reconnue comme n'étant rien.

Tu sembles avoir des difficultés à reconnaître que la peur n'est rien, parce que tu crois que *le personnage qui a peur* est quelque chose en soi. Mais le personnage lui aussi n'est rien. C'est du code zéro.

En lâchant la peur, tu lâches le personnage. Et en lâchant le personnage, tu lâches la peur.

Voir la connexion entre la peur et le personnage est utile, parce qu'à n'importe quel moment, tu peux avoir la bonne volonté de lâcher l'un ou l'autre. Quand tu es trop effrayé pour lâcher la peur, tu peux trouver en toi la bonne volonté de lâcher le personnage. Et quand tu es tenté de t'agripper au personnage, tu auras la bonne volonté de lâcher la peur. Avancer dans l'une ou l'autre de ces deux directions, c'est avancer dans les deux, alors avancer dans l'une ou dans l'autre est utile.

Ce qui t'est *toujours* le plus utile, c'est de te rappeler ce que tu veux... te rappeler ton désir de Connaître qui Tu es vraiment. Puis, fais le pas que tu peux faire dans l'instant. Lâche prise dès que tu peux lâcher prise. Chaque lâcher-prise est un pas dans la bonne direction, et la « bonne direction » est la direction dans laquelle tu veux vraiment aller.

Question : Peux-tu nous donner un exemple et nous expliquer comment lâcher le personnage nous est utile quand nous avons la crainte de lâcher la peur ?

Réponse : Oui. C'est la bonne volonté qui vient à ton secours. Quand tu crains de lâcher la peur, le Fils de Dieu en toi sait que tu t'agrippes au personnage. Mais, puisque *c'est* ton désir d'abandonner la peur, tu trouveras la bonne volonté de lâcher le personnage. La bonne volonté de lâcher le personnage, qui est une bonne volonté que tu peux trouver dans l'instant, te conduira à lâcher la peur en pratiquant le calme, l'accueil et la confiance comme Je te l'ai appris.

Question : Et quand je m'agrippe consciemment au personnage ? Comment la bonne volonté de lâcher la peur m'aide-t-elle à lâcher une valeur qui est chère à ce personnage ?

Réponse : Tout d'abord, tu dois te rappeler que la peur n'est pas toujours ressentie comme de la peur. Elle peut être ressentie comme de la colère quand une valeur personnelle est menacée. Il se peut que tu n'aies pas la bonne volonté consciente d'abandonner cette valeur, mais tu peux trouver la bonne volonté de te calmer et de lâcher la colère. Faire cela, *c'est* lâcher la peur *et c'est aussi* arrêter de s'agripper au personnage qui s'accroche à cette valeur.

Question : Y a-t-il quelque chose d'autre dont Tu voudrais nous faire part maintenant ?

Réponse : Oui. Je voulais te parler d'abandon. Pour pouvoir t'abandonner, tu dois avoir la bonne volonté de lâcher la peur. Quand la peur semble être forte, rappelle-toi ton désir de lâcher le personnage. C'est ce désir-là, *qui est le désir de Te connaître tel que Tu es*, qui te guidera à traverser la peur.

Tu es plus près du Royaume
que tu ne le penses

Question : Saint-Esprit, les dernières vingt-quatre heures ont été splendides, et je suis si reconnaissante pour tout. Je ne vais pas prétendre que je sais quelle question Te poser, parce que je ne le sais pas. Mais je sais que Tu as quelque chose d'utile dont tu souhaites nous faire part... quelque chose de profondément utile. Qu'est-ce que c'est ?

Réponse : Poser une question ouverte quand l'esprit a fait l'expérience de toute une gamme d'émotions est quelque chose d'utile. Ceci Me permet de répondre à tout sans rien souligner, sans rendre une chose plus importante qu'une autre. Merci. C'est ce que Je t'ai demandé de faire.

Le grand défi maintenant est de lâcher le personnage, et le personnage ne semble pas être désireux de partir. C'est parce que la lumière souffre de l'illusion d'être le personnage, si bien qu'elle utilise la puissance de la lumière pour s'agripper à ce pour quoi elle se prend. C'est bon pour toi de voir cela... de le réaliser... parce que cela te ramène à l'enseignement sur la puissance de la lumière. C'est en voyant les grandes résistances que tu déploies contre l'idée de lâcher le personnage, tout en réalisant que toutes ces formes de résistances viennent de toi, que tu te reconnectes à la réalisation de ta puissance. Cette réalisation est une magnifique place à prendre dans l'esprit, parce que tu y acceptes la vérité de qui tu es. Et accepter cette vérité t'amènera à lâcher ton emprise sur le personnage, ce qui est une autre étape dans la pleine réalisation de qui tu es.

Regarde tout, maintenant, à travers la lentille de contact que Je t'ai donnée. Rien ne peut se produire dans ta vie sans que tu n'aies d'outils pour le voir. Tu peux tout comprendre à travers les messages que Je t'ai donnés. Quand tu ne comprends pas quelque chose, c'est que tu rends cette chose plus compliquée qu'elle ne l'est. Tout est simple, et regarder toute chose à travers cette simplicité te montrera exactement comment voir.

Tu es à un stade de ta bonne volonté où tu es prêt à te connaître tel que tu es. Pour faire ce pas, tu dois arrêter d'éviter les jeux auxquels tu essaies de jouer. Laisse les jeux venir à toi sans les trouver effrayants... sans tenter de te cacher. Se cacher des jeux ou bien les nier ne fait qu'enseigner à l'esprit qu'ils sont réels.

Que les jeux viennent à toi maintenant... tous les jeux. Laisse-les venir pour que tu puisses leur dire adieu. Chaque jeu qui vient est une bénédiction. Reconnais l'objectif et rappelle-toi de ta vérité, et tu sauras leur dire adieu.

Je pourrais te dire que ça va être difficile, mais Je ne le ferai pas. La partie de ton esprit qui veut entendre cela est la partie de ton esprit qui veut que ça traîne. Ça n'est pas nécessaire à présent. Tu es plus près du Royaume que tu ne le penses. Garde la tête tournée dans *cette* direction seulement. Ne te retourne pas pour regarder les signes qui te disent qu'il reste encore un très long chemin à faire. Ces signes ne sont que des distractions, et ne peuvent changer ce que tu sais déjà.

Voilà ce que tu sais :

Ta seule erreur est d'écouter ce qui est faux et de croire que c'est vrai. Parfois, tu ne reconnais pas le faux, mais Je suis là pour te le montrer. Maintenant, tu dois continuer à marcher droit devant toi avec confiance, en Me demandant *toujours* de t'aider à voir. Quand je te montre une pierre sur laquelle tu trébuches, retire-la calmement de ton chemin. La bonne volonté enthousiaste maintiendra tes pas constamment dans les miens.

Quand tu as peur, n'y vois qu'une *résistance à arrêter de croire que le faux est vrai*. Quand tu reconnais une résistance qui gueule que le faux est vrai, ton désir de t'agripper à la peur va mourir. C'est parce que ton vrai désir est fort à présent. Tu as déjà assez avancé pour savoir qu'il n'y a pas de retour possible. Et quand tu sais qu'il n'y a pas de retour, il n'y plus de raison de s'attarder.

La résistance est forte. Je ne te dirai pas le contraire. Mais la résistance ne vient que de toi. Si elle vient de toi, tu dois être plus fort qu'elle. La résistance ne peut jamais te vaincre. C'est une impossibilité. Elle ne peut gouverner que quand tu la laisses gouverner. Dès que tu en auras assez de son emprise, tu la lâcheras et elle s'effondrera.

Souviens-toi qu'il n'y a pas de situations différentes. Deux choses ne peuvent être qu'identiques. Traite chaque situation comme n'étant pas différente et tout sera pris en charge de la même façon.

Fais une liste maintenant de tout ce qui te semble différent. Puis accepte que tout soit identique.

Penser savoir

Question : Je veux bien lâcher cette attitude de penser savoir. Je vois clairement que penser savoir est basé sur des expériences passées. Je vois aussi que penser savoir est un piège sur le chemin spirituel quand ce que je pense savoir est fondé sur des connaissances spirituelles. De quoi me ferais-tu part pour m'aider à abandonner cette attitude de penser que je sais ?

Réponse : Penser que tu sais infiltre ton esprit bien plus que tu ne le réalises. Tu ne fais que commencer à gratter la surface dans ton observation. Le premier pas a été fait, et c'est très bien. Tu as réalisé que tu dépends beaucoup de cette attitude de penser que tu sais, et tu as donné ta bonne volonté de réaliser que ça n'est pas le cas.

Les pas simples sont les meilleurs sur le doux chemin vers le Ciel, donc Je te demande de faire seulement ce pas-là maintenant. Donne-moi ta permission continuelle de te montrer cette pensée du doigt dès qu'elle apparaît dans ton esprit. Puis, dès que tu vois que tu penses savoir, sois pleinement désireuse de te dire à ce moment-là : « Je ne sais pas ».

La peur est une réaction courante à « Je ne sais pas », quand on le pratique avec foi. Si tu vois de la peur, réjouis-toi. Souviens-toi que la peur symbolise la résistance à ne plus prendre le faux pour du vrai. Vois la peur dans cette circonstance comme une preuve que tu abandonnes le fait de prendre le faux pour vrai.

Question : D'accord. J'ai un peu peur à présent. J'ai peur de confondre penser savoir avec savoir. Comment faire la différence entre penser savoir et savoir, ou connaître, ce dernier venant de Toi ?

Réponse : La réponse est de ne pas dépendre de ta pensée. Penser savoir vient d'une habitude. Connaître, non. Quand tu Me fais confiance dans l'instant sans donner ton intérêt à l'habitude ou à quelque apprentissage passé, tu sauras quoi faire. Connaître et penser savoir ne sont pas la même chose, et ne proviennent pas de la même idée dans l'esprit. Sache que tu sais, et tu sauras. Aie confiance en Moi pour te montrer quand tu penses savoir, et tu verras clairement quand tes pensées sont basées sur l'habitude.

Question : Parfois, nous rappeler qui on est éclaircit tout, tout de suite. Mais nous voudrions aussi comprendre cela plus en détail, car nous ressentons le besoin de guérir.

Réponse : Ton désir d'en savoir plus au niveau des détails vient du désir de te guérir tout seul. Ceci vient d'un désir de contrôler et de réparer ce qui n'est pas cassé. Bien que ce désir soit compréhensible quand tu n'es pas clair, note bien qu'il vient d'un manque de clarté. Remarque que tu ne ressens ce désir de « réparer » que quand tu te perçois comme abîmé, non entier. Tu ne ressens pas le désir de « réparer » quand tu te connais tel que tu es.

Question : Beaucoup de confusion dans l'esprit aujourd'hui. Nous nous en sortons plutôt bien, parce que nous observons tout cela depuis la perspective de l'observateur. Mais oui, en effet, il y a un sentiment que quelque chose doit être réparé.

Réponse : L'observateur est utile, puisque l'observateur a un recul sur le jeu ; cependant, l'observateur observe le jeu avec de l'attachement... avec un certain intérêt... donc il n'est pas totalement ce que tu es. C'est une étape... un niveau de conscience qui est utile... mais c'est un niveau de conscience qui semble toujours avoir besoin d'aide. C'est la raison pour laquelle tu regardes depuis l'observateur et as toujours ce besoin de réparer.

La meilleure des choses à faire quand tu cherches à réparer est de réaliser que tu regardes Tout-ce-qui-est d'un point de vue limité. C'est une occasion de mettre en pratique *calme, accueil et confiance*, et l'observateur est l'endroit parfait pour mettre en pratique cet exercice. Mais quand tu pratiques *calme, accueil et confiance*, ne crois pas que tu sois entièrement dans l'espace de la connaissance. Tu es dans un espace de permission, qui te conduira à la connaissance, mais tu n'es pas encore dans la connaissance. En fait, tu te *souviens* de la connaissance quand tu pratiques *calme, accueil et confiance*.

La connaissance ne connaît pas le besoin de réparer. Quand tu ne connais que la perfection, alors tu connais.

Sois reconnaissant d'être conscient

Question : Quelle est la chose la plus utile dont Tu voudrais nous faire part maintenant ?

Réponse : Tu as permis à ton esprit de se détendre dans l'appréciation de l'idée que tu es le maître. Tu as vu que les résistances viennent de toi et tu en fais l'expérience sans peur ou sans te presser. Il y a un endroit dans ton esprit qui te dit : « Tu dois te dépêcher de faire quelque chose », mais tu es assez sage pour te calmer et M'écouter. Tout ceci, c'est du progrès et Je voudrais que tu prennes du temps pour l'apprécier maintenant. Remarque la présence de ces pensées et de ces actions dans ton esprit, et réalise que tu M'écoutes attentivement.

Quand tu as fait un pas sans trop vaciller, il est temps d'en faire un autre. Chaque nouveau pas entraîne avec lui tous les précédents. C'est pourquoi tu vois l'image de l'escalier qui disparaît à chaque marche que tu montes. Chaque nouvelle marche comprend toutes celles qui ont été montées précédemment. Quel que soit le pas qui t'a été utile, il continuera à t'aider pendant que tu t'élèves de plus en plus haut dans la conscience de ton esprit.

C'est l'escalier vers le Ciel, comme tu aimes l'appeler (« *The stairway to Heaven* »). C'est l'ascension dans la conscience. C'est l'ascension de l'état de non-conscience à l'état de pleine conscience, et c'est aussi pourquoi on l'appelle l'ascension du sommeil jusqu'au réveil. À ce titre, tu ne peux t'empêcher de remarquer que tu es de plus en plus conscient en gravissant cet escalier vers le Ciel. Si tu devais t'arrêter pour être reconnaissant pour une seule chose, sois reconnaissant pour la conscience. La conscience c'est l'éveil, peu importe ce dont tu es conscient. Être plus conscient veut dire s'éveiller davantage.

Sois reconnaissant d'être conscient de tes propres résistances. Tu ne dors plus quand tu vois.

Sois reconnaissant quand des pensées et des émotions que tu niais te sont dévoilées. Tu ne dors plus quand tu vois.

Sois reconnaissant pour les messages dans les nuages, sur les affiches, dans les films, dans la musique ou bien dans les livres. Tu ne dors plus quand tu vois.

Sois reconnaissant pour tes frères quand tu te rappelles qui ils sont. Tu ne dors plus quand tu vois.

Sois reconnaissant vis-à-vis de toi-même, de ton attention et de ton utilisation du temps. Tu ne dors plus quand tu vois.

Tu vois lorsque tu te souviens de Moi. Tu vois quand tu te rappelles qui tu es. Tu vois quand tu te souviens de te poser dans la confiance. Tu vois quand tu sais ce que tu vois. Tu vois lorsque tu es conscient... lorsque tu sens ne serait-ce qu'un brin de réalisation. Sois reconnaissant pour chacune de ces réalisations grâce auxquelles tu vois, et chacune de ces réalisations t'emmènera encore plus haut dans la conscience de Qui Je suis.

Ne t'inquiète pas de ne pas M'écouter. *Remarque* que tu M'écoutes. Sois-en reconnaissant. Ainsi, tu gardes le cap sur la direction dans laquelle tu choisis d'aller. Et ceci t'enseigne à voir.

À présent, le vrai travail commence

Question : Saint-Esprit, tu connais nos questions. De quoi voudrais-Tu nous faire part ?

Réponse : Je t'ai parlé de lâcher-prise du personnage, et tu as donné ta bonne volonté pour le faire. Pour ceci, Je te suis reconnaissant. Je suis reconnaissant, car Je vois que tu as décidé d'écouter le murmure de ta vérité. Je sais que c'est ton désir le plus vrai. Je te suis reconnaissant d'écouter ton Être.

À présent, le vrai travail commence, car tu as pris un engagement et cet engagement n'a pas été pris à la légère. Il a été pris sérieusement par le vrai désir du cœur. Une fois qu'un tel engagement a été pris, on ne peut pas l'annuler ou le reprendre, parce qu'on ne désire plus vraiment qu'il soit repris. Ton choix a été fait. Pour cela, Je suis reconnaissant.

Maintenant, il te faut regarder chaque idée qui t'enseigne que tu es ce que tu n'es pas. Plusieurs de ces idées sont sournoises et rusées, et elles continueront à te berner pour un temps. Mais elles ne pourront pas te piéger éternellement, car tu es le vrai Fils de Dieu. Là où tu as donné ta bonne volonté, l'expérience doit suivre.

Tu veux parler des pensées que tu crains de regarder ainsi que des sentiments que tu continues à nier. Je vois qu'il y a de la confusion à propos de ce qu'il est juste ou non de faire avec ces pensées et ces sentiments alors que tu commences à y faire face. Je vois aussi qu'il y a aussi une peur que tu continues de nier malgré ta bonne volonté.

D'abord, Je vais te demander de prendre du recul et de te rappeler que tu es maître. Ça ne sera pas difficile puisque tu as déjà accepté que cette idée était vraie. Et si tu es maître, alors toutes les expériences doivent venir de toi. Y compris l'expérience d'être confus quant à quoi faire.

La confusion est un voile posé sur la puissance de la lumière, tout comme la peur est un voile qui te cache la lumière. Parfois la confusion a l'air forte. C'est parce que la puissance de la lumière est forte. C'est utile de le réaliser, mais ça semble ne pas vraiment suffire quand tu as besoin de savoir quoi faire. Je te demande maintenant de bien regarder pourquoi tu ressens le besoin de savoir quoi faire. Si tu regardes cela de près avec Moi, tu verras que le désir de savoir quoi faire vient d'une croyance que tu pourrais mal décider ou avoir raison. Et tu veux avoir raison, parce que mal décider, c'est être le Fils pécheur de Dieu.

En regardant avec Moi, tu verras que cette croyance va très en profondeur. Tu sentiras la forte emprise qu'elle semble avoir dans ta poitrine et dans ton cœur. Tu crois profondément que tu peux mal faire, et, par cette croyance, tu as peur d'avancer.

Arrête-toi là et regarde ta peur en face. Oublie un instant la décision qu'il faut prendre. Regarde seulement la croyance qui doit être lâchée. Maintenant que le problème est oublié et que tu regardes clairement cette croyance, qu'y a-t-il de mieux à faire ? Tu sais quoi faire. Le mieux à faire est de prendre du recul par rapport au problème de la forme, et de regarder exclusivement ce qui se passe dans l'esprit.

Quand tu t'écartes pour n'observer que l'esprit, il y aura beaucoup à voir. Ton rôle est de regarder, et de regarder avec Moi. Il y aura des tentations de juger. Regarde ces tentations passer. Tu vas vouloir penser et sentir de la confusion. Vois ce que tu veux, et laisse-le passer. Tu vas vouloir réparer les choses et encore savoir quoi faire. *Tu ne fais qu'observer les pensées qui se déroulent dans ton esprit.*

Hier, Je t'ai demandé d'être reconnaissant d'être conscient. La conscience vient de ce que tu consens à regarder avec Moi. En devenant conscient des schémas de pensées dans ton esprit, tu t'éveilles à ce que tu fais habituellement. En t'éveillant graduellement à cela et à ces schémas qui t'ont poussé jusqu'à présent, tu ne seras plus intéressé d'écouter des schémas qui ne sont là que par habitude. C'est devenir plus conscient qui t'intéresseras. Ce désir de conscience amènera la connaissance dans ton esprit, puisqu'en mettant de côté les habitudes qui bloquaient la connaissance, la connaissance se fait naturellement connaître. Dans cette connaissance, tu sauras aussi quoi faire. Cela viendra naturellement et sans penser, comme faisant partie d'un flux. Et ceci, bien sûr, c'est être en contact avec Toi-même à un niveau supérieur, *parce que tu t'es ouvert à la connaissance.*

« Couper » les pensées ou les émotions, ou bien les nier trop rapidement est une réaction de peur. Une fois de plus, on peut regarder ces choses lentement, ensemble. Quand tu coupes ce à quoi tu penses, tu juges que tu es en tort. Alors, prenons du recul par rapport à l'idée qui a été coupée, et regardons directement la pensée qui a mené à l'acte de couper.

Peux-tu imaginer couper sans sentir de culpabilité ? Peux-tu nier une pensée ou une émotion et ne pas te voir comme ayant mal fait ? Peux-tu célébrer la décision de couper une autre pensée ou de nier une autre émotion ? En choisissant d'apprécier ce qui maintenant te fait peur, tu choisis d'agir à partir d'une croyance différente. Tu choisis d'agir à partir de l'innocence et de la liberté au lieu de croire à la culpabilité et aux règles. Agir à partir de l'innocence et de la liberté te conduira à un changement d'habitudes, tout simplement parce que tu deviendras plus conscient. Tu seras conscient de tes habitudes. Tu verras que le faux n'est pas vrai. Et tu deviendras conscient de ta puissance, plus tu verras que *tout vient de toi*.

Célèbre la conscience. Sois-en reconnaissant. Tu es l'extraordinaire Fils de Dieu, et ton vrai désir guide tes choix à présent. À mesure que tu prends réellement conscience de tes anciens choix, tu vas renoncer à tes vieilles habitudes et choisir de voir à travers une lentille nouvelle. Cette lentille nouvelle est celle de la conscience. C'est la lentille grâce à laquelle tu reconnais que la vérité a toujours été vraie

Question : Après avoir observé nos esprits et les raisons apparentes que nous avons de couper les pensées, nous sentons que nous coupons parfois nos pensées par peur de mal créer. Nous nous inquiétons du fait que nos pensées nous amènent à souffrir. De quoi voudrais-tu nous faire part à ce sujet ?

Réponse : Couper les pensées par peur ne prévient pas la mal-création. La mal-création, qui n'est rien de plus qu'une expérience que tu ne veux pas vraiment avoir, vient du fait de croire que le faux est vrai. Quand tu coupes une pensée par peur, tu crois que tu es la victime de tes propres pensées. Et cela, *c'est* croire que le faux est vrai. Quand tu sais que tu n'es pas la victime, tu peux tout aussi facilement regarder la même pensée et la balayer avec un sourire.

Question : Comment combiner ceci avec ta suggestion de couper les pensées sans se sentir coupable ?

Réponse : Les deux se combinent parfaitement quand tu regardes la racine et ce qui se passe dans l'esprit en dessous du niveau de l'action.

Quand tu coupes une pensée par peur, la racine de cette action est le jugement et la croyance à la culpabilité. Il peut sembler que c'est la peur d'être victime, mais l'idée que tu es victime vient de l'idée de culpabilité. Tu ne peux séparer l'idée de victime de l'idée de culpabilité. Quand tu entends « victime », réalise que tu entends « culpabilité ».

Être victime, comme Je te l'ai déjà dit, est une expérience très bien ficelée qui t'enseigne que tu es ce que tu n'es pas. C'est une expérience qui t'enseigne que tu es victime et donc tu peux croire que tu n'es pas responsable. Et tu veux croire que tu n'es pas responsable parce que tu as peur de ta culpabilité. Tu as peur de ce que tu vas te faire, à cause du jugement que tu portes contre toi-même. Voilà l'idée qui est à la racine de la mal-création. C'est l'idée insensée qui t'enseigne que tu es victime de Ta Vérité.

Quand tu ressens cette peur, sache que tu es en train de croire que ces idées fausses sont vraies. La façon de se libérer de la peur ainsi que des effets apparents de la peur, c'est de lâcher les idées fausses.

De la même façon que couper une pensée peut venir de la peur, couper une pensée peut aussi venir du fait de savoir qu'il n'y a rien à craindre. Tu peux couper une pensée et savoir en même temps que cette pensée n'a pas de sens. C'est la puissance de la lumière qui transporte toutes les significations, et toutes les significations viennent de toi. Quand tu vois une pensée et que tu l'interromps, en sachant qu'il n'y aura pas de répercussions pour le choix que tu viens de faire, il n'y en aura pas parce que la base de ta pensée a changé.

De la même façon, tu peux aussi observer une pensée par culpabilité... comme si tu pouvais « mal faire » de ne pas l'observer. Observer une pensée avec Moi vient du désir de voir que tu es libre. Quand tu ne crois pas que tu es libre, tu n'observes pas avec Moi.

Question : Y a-t-il autre chose dont Tu voudrais nous faire part ?

Réponse : Oui. Nous sommes en train d'observer les motivations. Les motivations sont la source de tout sur le plan vibratoire. Chaque idée est la manifestation de sa source. Si tu veux vraiment changer ton expérience, tu dois avoir la bonne volonté de changer de source.

Tu dois garder ton esprit, ton attention, *ta conscience*, sur le moment présent. Le moment présent crée toutes les expériences. Rater le moment présent, c'est passer à côté du moment même de la création.

Le présent est le moment de motivation. Regarde ton objectif. Pourquoi fais-tu ce que tu es en train de faire, que ce soit une action dans le monde ou une action de pensée dans l'esprit ? Remarque la motivation qui soutient la réponse. C'est cette conscience que Je te demande de cultiver. C'est en cultivant cette conscience, combinée à ton vrai désir de Te connaître tel que tu es, que les choix changeront. Et grâce à cela, tout le reste changera naturellement.

Question : Peux-Tu nous donner des conseils pour maintenir notre attention sur le moment présent ?

Réponse : Oui. Commence par *orienter ta volonté* sur le maintien de ton attention sur le moment présent. Puis laisse-toi ressentir de la gratitude pour ta volonté orientée. Ensuite, et ceci est très important, ressens de la gratitude pour toi-même, à chaque fois que tu te rappelles d'orienter ton attention sur le moment présent.

Ces étapes sont simples. Chaque étape est toujours simple. Il s'agit seulement d'orienter ta volonté sur le lieu où tu veux vraiment aller.

Je te rappelle que tu ne peux pas faire cela quand tu as peur ; là, tu résistes à ta vraie volonté et tu la rates parce que tu la projettes dans le futur.

Respire profondément. Remarque ta résistance maintenant. Ressens-la. Accepte-la. Laisse-la être. Et en même temps, sache que tu *vas* orienter ton désir *et* être reconnaissant pour la conscience. Oriente ta volonté sur la conscience maintenant. Ressens de la gratitude pour t'être souvenu d'orienter ta volonté selon ton vrai désir.

Ta résistance est forte, alors continue de répéter ce processus. Continue de remarquer et d'accepter ta résistance dans l'instant. Continue d'orienter ton désir vers la conscience, ce qui est un symbole de la confiance en toi-même. Puis continue d'être reconnaissant pour avoir orienté ta volonté sur le présent.

Demande
à partir de la connaissance

Question : Saint-Esprit, Tu connais nos questions. De quoi voudrais-Tu bien nous faire part ?

Réponse : La plupart de tes questions viennent de la peur. Elles viennent de la partie de ton esprit qui a peur. C'est pourquoi on t'a dit que tes questions viennent de l'ego. Elles viennent de la pensée que tu n'es pas maître. Elles viennent de la pensée que tu es victime.

Je te demande de revoir tes questions une fois de plus. Remarque que ce que Je dis est vrai. Remarque ce que tu t'enseignes quand tu te permets de poser ces questions. Puis souviens-toi que tu es maître. Replace ton esprit dans cette connaissance. En réalisant vraiment que tu es maître et que tu ne peux jamais être victime, comment vas-tu poser tes questions à présent ?

En demandant depuis cet espace de connaissance en toi, tu réaliseras sûrement que tu connais déjà les réponses, car la connaissance connaît. Quand tu demandes en tant que victime, tu ne connais pas, parce que tu demandes à partir de cette partie de ton esprit qui a choisi de ne pas connaître. En demandant à partir de la connaissance, la connaissance apparaîtra.

La connaissance sait aussi qu'il existe une connaissance plus profonde. Quand tu poses tes questions à partir de la connaissance, tu peux remarquer le désir de connaître plus complètement ce que tu connais déjà. C'est là, la demande d'un jeune frère à son aîné, mais une demande qui reconnaît que leur identité est la même. Ce n'est que leur maturité qui semble différente, mais celui qui demande et celui à qui on demande sont les mêmes. Les deux sont des princes nés du même Père.

Alors, demande-Moi à partir de cet espace, et remarque ce que tu connais déjà.

Continue avec la conscience

Saint-Esprit : Tu observes l'esprit de plus en plus... tu l'observes d'une perspective différente... d'une conscience différente. C'est ce que Je t'ai demandé. Continue à orienter ta volonté vers la conscience, à observer et à être conscient sans jugement, et à être reconnaissant d'observer et d'être conscient.

Tu vas commencer à remarquer de la résistance qui va prendre la forme de « Ça y est, j'y suis ». Elle va te dire que tu as observé ton esprit suffisamment et que tu en as fini avec ses ruses. Elle va te dire que tu es prêt maintenant à faire quelque chose de ces ruses... que tu es prêt à te « réparer ». Cette pensée n'est rien de plus qu'une ruse... une distraction, tout comme le fait un illusionniste pour détourner ton attention de ses tours. Ne te fais pas avoir par ces tours de passe-passe. Ton rôle maintenant est de continuer à remarquer, de continuer à être conscient, de continuer à orienter ta volonté sur la conscience, de continuer à être reconnaissant pour la conscience ainsi que pour ta volonté orientée. Ces simples pas te conduiront à l'éveil. Ce n'est pas plus difficile que ça. Ne te laisse pas tromper en croyant que ça l'est.

Le cyclone de l'amour

Question : Grâce à ta guidance, nous commençons à devenir plus conscients de nos motivations. Nous avons reconnu que chaque idée est la progéniture de sa motivation, et qu'elle porte cette motivation cachée en elle. Nous réalisons qu'à chaque fois que nous acceptons qu'une idée soit vraie, nous acceptons aussi sa motivation, son objectif. Notre question est la suivante : qu'est-ce qui nous serait le plus utile dans notre pratique aujourd'hui ?

Réponse : Tu connais déjà Ma première réponse à cette question. Continue d'orienter ta volonté sur la conscience sans jugement, de ressentir de la gratitude pour la conscience quand tu la remarques, et continue d'être reconnaissant de te souvenir d'orienter ta volonté. Je veux aussi que tu portes ton attention sur toi-même à travers une nouvelle lentille de conscience, et Je veux que tu sois reconnaissant pour ce que tu y trouves. Je veux que tu remarques la clarté que vous atteignez tous les deux à travers votre relation et vos conversations. Remarquez ce que vous créez ensemble, parce que *c'est* une création. Vous avez parlé du cyclone de la peur et de la haine, et c'est le cyclone dont vous êtes tous les deux devenus conscients ensemble en premier. Mais maintenant vous vous réunissez tous les deux afin de créer ensemble une autre force... un tourbillon opposé... et c'est le cyclone de l'amour. Je vous fournis de l'aide, mais vous prenez ce que Je vous ai donné, et vous créez avec. Ne laissez pas vos yeux ne pas voir ces choses. Car en voyant ce que vous créez... en le reconnaissant *comme une création*... vous déployez cette création plus loin encore dans l'esprit.

Rappelez-vous que les choses sont toutes des idées. Deux choses ne peuvent être différentes. Et chaque idée provient d'une motivation, d'une source. Alors, en regardant les idées qui sont créées par vous deux, voyez-vous aussi leur source ? Et quand vous voyez leur source, voyez-vous ce que vous créez ensemble ? Prenez votre temps pour en être reconnaissants, car ce n'est pas une petite chose. Il se passe beaucoup plus que ce qu'il semble se passer en surface. Continuez dans votre dévotion ensemble...

Note de Régina : j'ai perdu le fil des pensées à cause de ma résistance au mot « dévotion ».

Question : Saint-Esprit, j'écarte ma résistance personnelle, et Te demande de continuer, s'il Te plaît.

Réponse : Ne dissimule pas à tes yeux ce que tu vois à présent. Tu es en train de faire le deuil d'une chose que tu aimes. Laisse-toi ressentir cette tristesse. Elle peut sembler très intense parfois, mais se laisser la ressentir, c'est accepter ta décision. Tu es en train d'abandonner le personnage.

Une fois que la tristesse passe, replace ton attention sur la lumière... la lumière que vous créez tous les deux ensemble. Vois-Toi Toi-même dans cette lumière, et réalise que tu ne fais que T'atteindre.

Comme Je te l'ai déjà dit, garde tes yeux fixés là où tu veux aller. Par l'attraction naturelle et magnétique du cœur, tu suivras la nouvelle focalisation de ton regard.

Question : De quoi d'autres voudrais-Tu nous faire part ?

Réponse : Vous apprenez la différence entre penser et savoir. Je voudrais que vous *orientiez votre volonté* pour y voir les subtilités qui s'y trouvent. Plus vous allez connaître ce que vous savez, *plus* vous aurez confiance en votre savoir. Ainsi, penser deviendra de plus en plus inutile, et vous mettrez votre désir de penser de côté.

Penser véhicule la motivation de sa source. Quand tu penses, perçois la source de tes pensées. Enfouie bien en profondeur sous la surface de tout ce à quoi tu penses, se trouve la peur. Et c'est la peur que tu puisses être en tort.

Cela ne signifie pas que tu as tort de penser. Cela veut simplement dire que penser ne peut être ton intérêt principal. Laisse ton mental penser alors que tu l'observes calmement. Tout en observant, attends patiemment que la connaissance arrive. Quand elle arrive, n'écoute qu'elle.

Question : Laurent a posé une question. Je ne suis pas sûre qu'on lui ait répondu.

Réponse : Laurent atteint la clarté, mais il a encore peur de faire confiance à sa propre clarté. Que sa volonté se focalise sur la confiance, afin qu'il puisse voir plus clairement ce qu'il sait déjà. Demande-lui de *ressentir* la clarté et la confusion, et toi aussi fais de même. Quand tu ressens de la confusion dans tes pensées, ne t'arrête pas. Aie confiance, sache que la clarté arrive. Traverse la confusion en regardant chaque pensée, mais aussi en laissant chaque pensée passer. Quand tu verras la clarté, *tu le sauras*. Tu sais que tu le sauras. Tu es devenu bien qualifié pour reconnaître la différence entre la confusion, la résistance et la clarté, et tu vois le chemin qu'elles prennent. D'abord, tu ressens de la confusion et tu as le souffle qui se coupe... puis la résistance qui essaye de te retenir... suivi par une percée de clarté. Tu as remarqué ceci bien assez pour avoir confiance, *dans la confusion*, que la clarté arrive, et pour célébrer, *dans la résistance*, qu'une percée arrive.

Question : Je ne me sens pas totalement rassasiée. Comment cela se fait-il ?

Réponse : Tu veux une réponse que Je ne désire pas te donner. Mais c'est par amour que Je ne la donne pas et aussi à cause de ta bonne volonté. Je vous ai donné des outils et vous vous êtes donné les situations. Votre seul obstacle à présent est la peur ou le manque de confiance. L'antidote au manque de confiance, c'est la confiance et la patience, et puis encore la confiance. Fixe tes yeux sur le progrès. Mets en pratique *tout* ce que Je te donne. Grâce à cela, tout le reste suivra. Et c'est en voyant comment ça arrive que vous réaliserez la vérité de ce que vous êtes et de qui vous avez toujours été.

Tu es le trésor que tu cherches

Question : Nous voyons clairement cette croyance que nous pouvons être mauvais ou nous tromper, ou bien même être le mal. Et nous sommes heureux de voir à quel point cette croyance cachée dirige nos choix. Nous savons qu'en être conscient est important pour être libres. De quoi voudrais-Tu nous faire part qui puisse nous aider à avancer vers la prochaine étape de conscience ?

Réponse : Je vais répondre de la même façon que dans mes réponses précédentes. C'est parce que c'est important. *Continue d'orienter ta volonté vers la conscience.* Il y a tellement de choses à rendre conscientes, et la partie de l'esprit qui y résiste va vite se fatiguer de toute cette conscience. Elle voudra que tu t'en fatigues également, mais tu dois rester conscient de ton vrai désir et le laisser guider tes choix. Laisse le vrai désir te conduire à *aimer la conscience.*

Enseigne-toi que tu es un esprit intéressant... une création passionnante... et sois désireux de t'émerveiller devant les découvertes que tu fais alors que tu deviens de plus en plus conscient. Aspire à y aller lentement, en savourant le voyage de la découverte, et tu ne manqueras aucun des joyaux que tu as toi-même cachés le long du chemin. Chaque joyau que tu découvres te rapproche davantage du trésor. Et, bien sûr, le trésor *c'est toi*, que tu trouveras enfin comme le fameux coffre ouvert, brillant et lumineux, afin que tous le voient et l'apprécient.

N'importe quelle image que tu peux garder dans l'esprit et qui te maintient focalisé sur le positif... vers le haut... dans la direction de la lumière, est utile. Comme Je te l'ai déjà dit, tu avanceras dans la direction sur laquelle tu te concentres. Cette focalisation est nécessaire, même quand tu découvres ce que tu considères obscur. Une fois encore, nous parlons d'objectif. C'est l'objectif qui dirige la puissance de la lumière, et c'est la puissance de la lumière qui te donne l'expérience de ton objectif.

Si tu regardes l'obscurité qui est dans l'esprit depuis une perspective de peur... avec la croyance que ce que tu y trouves est vrai... alors la découverte pourrait être une expérience difficile. Mais si tu regardes avec plus d'attention, même quand tu fais l'expérience difficile de découvrir dans la peur, tu verras qu'il y a un objectif plus vrai qui te guide. Tu continues ce voyage de découverte parce que tu sais que *tu es* le trésor que tu recherches. Ne laisse pas ton regard éviter cette évidence. Ne te laisse pas duper et croire que tu es ce qui était caché et jugé sombre. Sache que chaque joyau obscur est un joyau, et regarde-le en tant que tel. Laisse-le te conduire de plus en plus près de ce que tu es, et garde ton esprit focalisé dans la direction où tu te rends.

Question : Je remarque qu'en écrivant ceci, j'éprouve la peur de mal faire. J'ai peur de regarder dans la mauvaise direction et de m'y diriger. Ou alors, j'ai peur de prendre un long et inutile chemin là où il y a une route bien plus directe.

Réponse : Dès que tu remarques une peur dans ton esprit qui peut être étiquetée « doute de toi », arrête-toi et regarde directement ce doute. C'est le moment de poser le mental et de remarquer l'histoire qui se raconte. L'histoire est la suivante :

Tu es un raté. Tu ne seras jamais meilleur que ce que tu es maintenant. Tu es un perdant... un raté... et tu le seras toujours.

C'est une bonne chose de regarder cette histoire et de ressentir la haine qui est projetée sur soi. Arrête-toi là. Regarde ce que tu vois. Tu regardes en face le jugement que tu as placé sur toi-même. Reste avec, en le regardant. Remarque les échos qu'il a dans ton esprit. Calme-toi, accepte et fais confiance. Aie confiance qu'en restant avec cette émotion, une connaissance plus claire... une voix plus vraie et plus douce remontera et viendra à ta rencontre.

Quand tu attends patiemment une nouvelle façon de voir, une nouvelle façon de voir t'est donnée. Une nouvelle façon de voir *doit* venir quand tu as confiance, quand tu sais qu'elle va arriver. Et c'est en soi la preuve que tu n'es pas un raté. Car là où tu as regardé, tu es allé. Ce en quoi tu as placé ta confiance est devenu manifeste. Ce que tu as voulu t'a été donné.

C'est en cela que tu découvres un joyau... un joyau caché dans l'obscurité. Ramasse-le et mets-le dans la poche de ton cœur. Chaque fois que tu places un joyau dans la poche de ton cœur, la reconnaissance de ta vérité grandit en force. À mesure que cette reconnaissance grandit, tu te rapproches d'un pas du trésor que tu es.

Dans chaque joyau repose le trésor tout entier. En gardant chaque joyau, tu te dis : « Je suis ce que je suis, et j'accepte que ce que je suis est vrai ».

La lumière de la conscience

Saint-Esprit : L'expérience de la culpabilité vient du jugement que tu portes sur toi-même. L'expérience continuelle de la culpabilité vient de tes jugements continuels. C'est la raison pour laquelle Je te demande de devenir plus conscient. Alors que tu deviens plus conscient des motivations et objectifs sous chaque pensée... sous chaque action ou réaction dans ton esprit..., tu vas commencer à remarquer ces jugements. Ce qui dirige ton esprit dans la plupart des pensées qu'il semble penser, c'est le jugement ou la peur habituelle du jugement, issue d'une ancienne « connaissance » que le jugement est mérité, et va sûrement arriver. En soi, la peur du jugement est aussi un jugement.

Si je me souviens bien, Régina était rentrée à cet instant dans une sorte de discussion d'accord-pas d'accord avec le Saint-Esprit. D'où ce prochain paragraphe...

On peut voir plusieurs choses ici. On peut s'intéresser à penser et à savoir, puis remarquer la différence qu'il y a entre les deux. On peut aller voir la différence entre faire des efforts et écouter, et regarder l'objectif derrière chacun. On peut aussi regarder l'apprentissage, qui vient du passé, et s'apercevoir à quel point ce n'est pas la connaissance. On peut aussi passer notre temps à se disputer sur le sens ou sur l'absence de sens des mots. Et tout cela pourrait être utile, mais c'est en fait complètement futile. C'est futile parce que tu connais tout ce que J'enseigne.

C'est pourquoi Je te demande simplement d'orienter ta volonté vers la conscience. Tu n'as pas besoin d'apprendre ce que tu sais déjà. Tu as seulement besoin de voir clairement que c'est vrai. Ceci parce que la partie de l'esprit qui veut nier la vérité est très puissante, mais cette partie de l'esprit n'est pas séparée de toi. La partie de l'esprit qui veut nier la vérité n'est pas séparée de la vérité ; alors, quand la lumière de la conscience brille dans l'obscurité, l'obscurité, qui venait de ce déni, n'est plus. Là où il y avait l'obscurité, il y a désormais la lumière. Là où ce qui est n'était pas vu, c'est vu maintenant. Et une fois que c'est vu, ce ne peut être nié, parce que ce qui le voit, c'est la connaissance. Et la connaissance sait quoi faire quand elle voit, parce que la connaissance sait ce qu'elle est, ce qu'elle désire vraiment, et comment ces désirs deviennent manifestes.

La connaissance est naturelle, parce que la connaissance est connaissance. C'est la raison pour laquelle on la compare à la lumière. Quand la lumière est allumée par la conscience désireuse, la lumière fait tout ce qu'elle sait faire. Elle brille et écarte l'obscurité.

Traverser les murs

Question : Saint-Esprit, je suis très contente et heureuse parce que j'ai vu plus d'un témoin de l'Esprit du Fils de Dieu, et tous les témoins disent la même chose. Ils ont des lueurs de clarté et savent ce qu'ils sont prêts à faire, et pourtant ils ont peur. Cher Saint-Esprit, que voudrais-Tu dire à notre esprit, prêt comme il l'est aujourd'hui ?

Réponse : Je suis heureux de la bonne volonté de s'asseoir sur le siège du maître. Bien sûr, c'est un siège que vous n'avez jamais quitté, mais d'avoir la bonne volonté de l'accepter maintenant est très important. C'est important parce que vous êtes prêts pour cela. Si vous n'étiez pas prêts, ça n'aurait vraiment aucune importance.

La peur qu'il y a dans l'esprit est un merveilleux endroit pour commencer, puisque la peur peut sembler être un obstacle très réel. Cependant, J'ai dit « sembler être » parce que la peur n'est rien de réel. Certes, il se peut que ça n'en ait pas l'air pour vous, puisque vous voyez la peur comme étant un mur très réel. Commençons donc par la peur.

Je t'ai dit que tu pouvais traverser les murs. C'est le cas, bien sûr, parce que les murs n'existent pas. Les murs dont tu fais l'expérience semblent être là uniquement à cause de la croyance que tu en as, et aussi à cause de ta croyance que de l'autre côté du mur se trouve une chose dont tu as encore plus peur. Tu respectes ce mur et son apparente solidité parce que tu crois que ce mur te protège. Mais tout ce que le mur fait, c'est te cacher la lumière ; or, tu ne crains pas réellement la lumière. L'idée que tu crains la lumière n'est qu'une idée, et c'est cette idée-là qui semble créer ce mur.

Tout ce que Je viens de te dire n'est que pure imagination. C'est pure imagination parce qu'aucune de ces choses n'existe maintenant. Tu es maintenant en pleine sécurité dans les bras du Ciel étant ce que tu as toujours été. Quand tu entrevois des lueurs de cette connaissance, tu sais que tu n'en as pas peur, puisque quand tu as des lueurs de cette connaissance, tu sais que tu te détends.

Si le mur est un mensonge, et tu sais pleinement qu'il l'est, alors la peur qui ressemble à ce mur doit l'être aussi. Et tu apprendras ceci en choisissant de traverser le mur. C'est en choisissant de faire l'expérience de la peur, et en découvrant que ça n'est rien qu'une expérience, que tu apprends qu'il n'y a rien à craindre. Mais choisir d'avoir peur de ta peur, c'est continuer de croire à ce mur.

Tu me demandes comment faire... comment faire l'expérience de la peur sans en avoir peur. Remarque, avant tout, l'intention dans cette question. Remarque que la question elle-même vient de la croyance qu'il y a quelque chose à craindre. Alors, commence avant tout par choisir de ne pas poser la question. Choisis plutôt de te faire confiance. Choisis de faire confiance que tu sais traverser les murs. Cherche l'endroit en toi qui le sait, ancre-toi dans cette connaissance, puis dirige-toi directement vers le mur.

Ne t'inquiète pas d'échouer. Ne t'inquiète pas de ne pas trouver le mur. Tu es prête et le mur te trouvera. Rappelle-toi seulement que le mur n'est qu'une expérience. Sois désireuse et enthousiaste de faire l'expérience de traverser le mur.

Apprécier, c'est accepter sans juger

Saint-Esprit : Parlons du personnage maintenant. Certains d'entre vous croient qu'il est mauvais ou mal de se voir comme un personnage. Cela n'est pas mauvais dans le sens où vous seriez coupables de vous voir de cette façon. C'est juste une erreur dans le sens où ça n'est pas vrai.

Essaie de voir ton personnage comme un jeu auquel tu joues. Essaie d'observer les caprices et les habitudes, les manières et les désirs, les peurs et les envies de ton personnage de cette façon : *À quel jeu le personnage est-il en train de jouer maintenant ?* Regarde-le depuis cette perspective et tu verras que tu peux apprécier de jouer au jeu. Mais tu ne seras pas complètement identifiée au personnage, exactement comme quand tu apprécies une partie de Monopoly sans te voir comme le pion qui se déplace dans le jeu.

Le jugement est l'opposé du plaisir. Même si le jugement semble t'apporter du plaisir, parce que tu juges qu'une chose est bonne ou digne d'être appréciée, tout jugement comporte en lui la graine du mécontentement ou du déplaisir, puisque le jugement est la base de la dualité. Le jugement, c'est le mécanisme du choix entre deux choses.

Apprécier, c'est accepter sans juger, et dans cette acceptation tu éprouves de l'admiration ou de l'appréciation pour ce qui se trouve derrière. Quand tu apprécies le monde, tu l'apprécies parce que tu sais ce que le monde représente. Il représente la puissance créatrice du Fils de Dieu. Quand tu aimes vraiment quelque chose, c'est parce que tu l'aimes pour ce qu'elle est, et non pas pour ce qu'elle semble être.

Apprécier ne vient pas du mental et de la pensée, parce que la pensée est le mécanisme du choix entre deux choses. La pensée soupèse des options, fait des jugements et choisit. C'est tout ce qu'est la pensée. Choisir n'est pas apprécier parce que choisir, c'est *choisir entre deux choses*. Choisir, c'est retenir une chose et en écarter une autre, ce qui revient à diviser le tout afin de choisir entre des parties. Ce n'est pas ça apprécier.

Apprécier, c'est aimer ce qui est tel que c'est... comme un tout, un ensemble merveilleux. Dans l'appréciation, des choix semblent être faits, mais ils viennent d'une écoute et d'un suivi naturel du flux, pas d'un jugement ni d'une mise à l'écart. Dans l'appréciation, il y a l'amour pour l'ensemble, pour le tout.

Prends du recul aujourd'hui et apprécie la journée. Aime. Prends plaisir. Amuse-toi. Remarque le jeu et permets-lui de se jouer, tout en ressentant le Tout qui joue. Ceci te demandera de calmer le mental, mais quand tu observes avec le désir d'apprécier, le mental se repose naturellement grâce à ton désir pour ce que tu veux vraiment.

Venir à Moi peut être une échappatoire

Saint-Esprit : Venir à Moi peut être une forme d'échappatoire. Oui cela fait quelque temps que tu sais cela. Parlons de cela maintenant. Regardons cela et discutons-en. Tu seras très contente que nous l'ayons fait.

Venir à Moi peut être une façon de s'échapper... un désir de se sentir mieux en échappant aux sentiments que tu ressens dans l'instant. Ça fait un bout de temps que tu le reconnais. Je ne te laisserai jamais seule ni sans réconfort, mais si tu viens à Moi uniquement pour du réconfort, puis après tu retournes à ton ego comme s'il était toi, tu remarqueras que les effets de venir à Moi sont temporaires. Si tu fais ceci à répétition, les effets te sembleront amoindris parce que tu ne M'amènes pas avec toi dans ta journée.

N'accoure pas vers Moi avec tes mauvaises émotions en t'attentant que Je te les enlève. Je ne te les enlève pas. Je ne fais que te parler de Raison, et en M'écoutant tu les laisses aller. Cette Raison est toujours avec toi, et tu peux l'entendre sans avoir recours à cette manifestation de Moi. Tu n'as pas besoin de ce confort, qui n'est que temporaire. Tu as besoin de la réalisation permanente de ce qui est vrai, et cela ne peut t'arriver que si tu laisses tomber l'illusion « d'autre chose » (que toi).

Mets de côté cette illusion de Moi quand tu ressens ce besoin de confort. Vois le besoin de confort comme une illusion de manque, et ne la suis pas. Pratique tout ce que J'ai enseigné. C'est tout en toi maintenant. Apprends qui tu es en l'étant, et ainsi tu n'auras plus besoin de rechercher le réconfort de Ma part.

Pas vrai, juste une croyance !

Question : Si je veux ressentir mes émotions (comme la culpabilité par exemple) au lieu de les couper, je ne peux pas en avoir peur. Le problème c'est que j'en ai peur parce que je crois toujours qu'elles me définissent. Je crois qu'elles sont vraies me concernant. Comment puis-je lâcher cette perception ?

Réponse : Lâcher cette perception vient de l'esprit, puisque la croyance qui maintient cette perception est dans l'esprit. C'est pourquoi Je t'ai enseigné que la cause n'est ni dans le monde ni dans quoi que ce soit dont tu fais l'expérience. La cause n'est qu'une croyance dans l'esprit, et une croyance en rien n'est rien qu'une croyance.

Pour changer ta perception, observe cette croyance erronée et dis : « C'est juste une croyance ». Appelle-la par son nom :

Pas vrai, juste une croyance !

Sois constant et répétitif avec ça. Ce qui n'est pas vrai arrive à ton esprit maintenant pour être vu. C'est une bonne chose... une excellente chose. Regarde le bien en face, pleinement confiant de qui tu es... certain de qui tu es. Ne crois ni tes yeux ni tes pensées. Ne crois que ton Cœur, qui sait. Avec certitude, regarde tes croyances et dis : « Pas vrai, juste une croyance ! »

Observer le « faire »

Saint-Esprit : Croire que tu es un personnage équivaut à croire que tu es mauvais, puisque croire que tu es un personnage équivaut à croire que tu n'es pas ce que tu es, et ceci est justement la croyance que tu as jugée comme mauvaise. Tant que tu continueras à croire que tu es un personnage, tu continueras à croire que tu n'es pas celui qui a fait ce choix. Si tu ne te rends pas compte que tu es celui qui a fait ce choix, alors tu ne vois pas que tu es aussi celui qui a jugé ce choix. Si tu ne vois pas que tu as jugé ce choix, tu ne vois pas non plus que tu peux renverser ton jugement, et alors le jugement continue d'exister implicitement dans ce choix de ne pas voir.

Tout est lié. Tout fait partie de la même idée. Je ne peux pas te conduire à en lâcher une partie et t'autoriser à en garder une autre, parce que ne pas en lâcher une partie, c'est garder la totalité. Tu ne peux pas garder l'idée que le personnage est ton identité et en même temps lâcher l'idée que tu es mauvais. Tu ne peux pas lâcher l'idée que tu es un personnage tout en maintenant ta croyance au monde. Tout fait partie de la même idée, qui t'enseigne que tu es mauvais. Et c'est l'idée que tu es mauvais qui te conduit à souffrir et à être malheureux.

Être malheureux, c'est souffrir. Ceci parce que tu n'es pas fait pour être malheureux, et donc le sentiment d'être malheureux est l'opposé de ta vraie nature. Être malheureux, c'est une expérience différente de l'expérience du Ciel, et le point clé dans tout cela, c'est qu'il s'agit d'une expérience. Le monde entier, l'idée d'être un personnage, la souffrance ainsi que la peur... tout cela n'est rien d'autre qu'une expérience que tu as choisi d'avoir. Et si tu as choisi de l'avoir, tu peux aussi choisir de ne plus l'avoir.

Je t'ai demandé d'orienter ta volonté vers la conscience. Je t'ai demandé ensuite d'orienter ta volonté vers la conscience de l'objectif derrière tes pensées. Je t'ai demandé d'orienter ta volonté vers la conscience de la clarté. À présent, je te demande d'orienter ta volonté vers la conscience que tu n'es pas aux commandes, que tu n'as pas le contrôle.

Croire que tu contrôles vient de la croyance que tu es un personnage séparé. Mais en prenant de plus en plus conscience que tu n'as pas le contrôle... qu'il y a un faire automatique qui agit à travers toi... tu libères ton emprise de l'idée d'être indépendant.

Ne fais rien pour essayer de lâcher cette idée. Ne fais rien pour tenter de voir que tes actes sont automatiques. Si tu fais quoi que ce soit, tu ne le verras pas, puisque tu penseras que ça provient de ton action. Laisse aller ton « faire »... qui n'est en vérité que ce que tu *penses* faire... et oriente ta volonté vers la conscience de ton « vivre ». Comme tu deviens conscient à partir d'une position d'observateur qui lui, ne fait rien, tu t'aperçois que l'agir se produit sans ton contrôle. En ceci tes yeux s'ouvrent à ce qui agit vraiment, et tu vois que tu n'es pas un personnage, mais une partie de ce Tout glorieux.

La décision d'être le Saint-Esprit

Saint-Esprit : La décision d'être le Saint-Esprit, c'est la décision de lâcher le personnage. La décision d'être le Saint-Esprit, c'est la décision de marcher dans le monde, mais d'être uniquement d'esprit. La décision d'être le Saint-Esprit, c'est la décision d'être uniquement ce qui est utile à l'éveil et de décider de laisser tout le reste... tout ce qui n'est pas utile... s'en aller.

La décision d'être le Saint-Esprit, c'est la décision de lâcher le personnage. Cette décision n'est pas magique. Elle ne consiste qu'à reconnaître qui tu es et ce que tu veux.

Qui es-tu ? Tu es amour.

Qu'est-ce que tu veux ? Tu désires seulement Te connaître tel que tu es vraiment, ce qui veut également dire que tu ne veux pas te penser être ce que tu n'es pas.

Penser est ton plus grand obstacle à la connaissance, puisque la pensée est un obstacle qui pense qu'elle est la connaissance. Cela revient à dire que ton personnage est le plus grand obstacle pour Te connaître, puisque tu penses que tu es ce personnage.

Aussi longtemps que tu choisiras les obstacles, tu choisiras de bloquer la vérité. Si tu es prêt à ne connaître que la vérité, tu dois aussi avoir le désir de dire adieu aux obstacles.

C'est une aptitude que tu es en train d'acquérir, et elle grandit en toi chaque jour. Il y a une peur de lâcher-prise dans l'esprit, parce que l'esprit se dit qu'il ne sait pas où il va tomber s'il lâche prise. Mais si tu regardes attentivement dans ton Cœur... dans ta connaissance..., tu sais très bien où tu vas tomber. Tu vas tomber en Toi, ce qui n'est pas du tout tomber. Tu seras, simplement, et tu seras en joie, en confiance et en connaissance.

Il n'y a rien à craindre quand tu choisis d'être Toi. Regarde bien maintenant toutes les peurs qui s'agitent dans l'esprit. Note comme ces peurs sont minuscules... à quel point elles n'ont aucune importance lorsque tu les compares à la vision de ce que *tu es* en tant que connaissance de toi-même.

Regarde. Note. Ressens ton Cœur. Par cette simple pratique, tu remarques, et ainsi tu t'enseignes que tu es davantage prêt à abandonner ce qui est sans importance que tes peurs voudraient te le faire croire. Enseigne-toi que tu es prêt en regardant attentivement et en remarquant que c'est la vérité.

L'analogie du bus

Saint-Esprit : Calmer le mental est plus facile que tu ne le penses, et vous vous êtes donné la parfaite image pour cette pratique. Imagine-toi dans un bus. Quand tu n'as pas calmé le mental, tu es totalement pris par tes pensées comme le conducteur du bus. Tu réagis à chaque pensée comme le conducteur réagirait aux circonstances de la circulation. Tu t'énerves sur le type qui te coupe la route. Tu vas et tu viens comme te le disent les feux et les signaux de circulation. Tu es mal à l'aise parmi les voitures qui s'emballent et qui zigzaguent constamment. Tu as peur quand tu vois un gros camion t'arriver droit dessus. Tout en toi est réaction et tu sembles être victime des circonstances de la circulation d'en dehors du bus.

À présent, recule d'un siège. En te reculant ainsi d'un siège, tu deviens en quelque sorte moins intéressé par les circonstances de la circulation. Tu peux encore remarquer les feux rouges et verts, mais tu ne ressens plus le besoin d'y réagir. Tu remarques qu'ils sont là, tout simplement. Mais sur le siège qui est juste derrière celui du conducteur, tu peux encore réagir à celui qui coupe la route au bus ou au gros camion qui a l'air de foncer sur toi.

Recule-toi d'encore un siège. Remarque qu'en te reculant encore plus, tu es de plus en plus détaché des réactions. Celui qui coupe la route au bus est maintenant plus intéressant à observer, mais tu n'auras pas de réaction en l'observant. Tu remarques à peine les signaux de circulation, et le gros camion provoque moins de peur.

Calmer le mental, c'est prendre du recul sur les pensées. C'est les regarder sans y croire. Ce n'est pas les arrêter, tout comme monter dans le bus n'arrête pas la circulation. Elle continue, mais le passager est moins impliqué dans la circulation que ne l'est le conducteur. Deviens moins impliqué dans tes pensées en les observant sans interagir avec elles (y réagir ou y croire).

Te reculer dans le bus n'est pas quelque chose que tu peux te forcer à faire, alors n'essayes même pas. Si tu es sur le siège du conducteur, c'est là que tu es. Ne te juge pas d'y être. Remarque juste où tu es et *émets l'intention* de te reculer dans le bus. Chaque fois que tu orientes ainsi ta volonté de reculer dans le bus, tu augmentes d'autant ta bonne volonté d'être moins impliqué dans la circulation de tes pensées. C'est donc grâce à la volonté orientée, à l'intention, que le recul s'accomplit. Bien sûr, l'intention de se reculer est la même chose que la volonté orientée vers la conscience, puisque le conducteur n'est jamais vraiment conscient. Il est trop impliqué à réagir et à tenter de contrôler pour pouvoir se calmer dans la conscience de ce qui se passe. Cela revient à dire qu'il ne peut pas voir la forêt tant qu'il est concentré sur les arbres. Il rate l'ensemble, en étant trop pris par les parties artificielles.

Question : Mon mental n'est pas d'accord avec cette analogie du bus. Il me dit qu'en reculant dans le bus, je deviens moins consciente. Le conducteur est dans le siège le plus conscient.

Réponse : Le conducteur est dans le siège le plus impliqué, mais le plus impliqué n'est pas le plus conscient. La circulation à l'extérieur du bus est illusoire. Quand le conducteur est impliqué dans la circulation, il ne sait pas qu'elle n'est pas là. À mesure que tu recules dans le bus et que tu t'impliques de moins en moins, tu deviens clairement plus consciente, car maintenant tu vois que le faux n'est pas vrai.

Tu aimes avoir le corps à blâmer

Question : Je sens que le corps est un symbole de mon indignité...

Réponse : Ce n'est pas vrai. Le corps n'est pas le symbole de l'indignité, pas au sens où tu le dis quand tu le dis. Quand tu dis : « Le corps est un symbole de mon indignité », ce que tu veux vraiment dire, c'est : « Je me sens indigne à cause de mon corps ». Tu crois encore que, si certaines choses à propos de ton corps étaient différentes, tu serais capable de t'aimer, tu pourrais être heureuse, tu serais aimée et la vie serait grandiose.

C'est cela la vérité de cette pensée dans ton esprit. Ne te détourne pas de cette vérité. La colorier différemment, c'est la dissimuler, et c'est continuer à te leurrer en croyant que tu es ce que tu n'es pas.

Le corps n'est rien. Il semble être la cause d'une extrême indignité, mais c'est seulement parce que tu le veux ainsi. L'indignité qui se trouve dans ton esprit est bien plus extrême en comparaison. Tu aimes avoir le corps à blâmer, parce que tu sais que le corps est à l'extérieur de toi. En pouvant blâmer le corps, tu peux éviter la croyance que tu redoutes le plus. C'est la croyance que tu es intrinsèquement et entièrement indigne, et comme alors il n'y a rien à blâmer, on ne pourra rien faire pour changer cela.

L'indignité que tu ressens est plus profonde que tu ne t'es autorisée à regarder, parce que tu as toujours projeté ce sentiment sur quelque chose d'autre. Tu n'es pas non plus prête à relâcher ton identité d'avec cette autre chose, parce que tu crois que c'est ainsi que tu te sauves.

Tu crois que le corps est la cause. Tu n'abandonneras pas cette cause, parce que tu crois aussi que si le corps n'est pas la cause, alors la seule cause qui soit doit être que l'indignité est ta vérité intrinsèque.

Je te demande de bien vouloir regarder cette croyance à ton indignité, sans recourir à l'anesthésie de la projeter sur un corps. Quand tu ne peux plus blâmer le corps, la douleur de l'indignité peut être bien plus profonde que tu ne le sais. Aie le désir de ressentir cette douleur pour apprendre qu'elle n'est pas réelle. Elle n'est qu'une expérience d'émotion, mais derrière l'expérience se trouve une lumière qui te rappelle que ce n'est pas vrai.

Invite la douleur dans ta présence. Désormais, tu ne veux plus l'éviter.

Tu offres toi-même le cadeau que tu M'as demandé

Question : Saint-Esprit, je suis très, très contente de tout ce que Tu nous donnes, à quel point notre esprit change, et comme nous apprenons à voir. Quel cadeau as-Tu à nous faire ce matin ?

Réponse : Ta gratitude est une bénédiction. Aie le désir de te poser dedans. De temps en temps, tu verras une pensée dans ton esprit qui te demande de ne pas te poser dans la joie, la paix, le contentement et la gratitude. Cette pensée se contente d'arrêts brefs entre les divers états de ton esprit, mais elle veut rapidement réinstaller la culpabilité et s'adonner à la croyance que tu dois travailler, travailler, travailler... réparer, réparer, réparer.

Sois alerte aux pensées qui veulent réinstaller la culpabilité... réinstaller la croyance que tu n'es pas à la hauteur et que tu dois te réparer, ou t'améliorer. Rappelle-toi la vérité de qui tu es... la vérité du flux qui est ta totalité. Et sois désireuse de te poser dans le flux, dans un état de contentement, dans un état de joie, dans un état de paix et dans un état de gratitude.

Tout en te posant dans ces états, reste doucement et joyeusement consciente de l'esprit. Tu peux observer l'esprit tout en étant en paix, car tu peux observer l'esprit dans le calme, l'accueil et la confiance que tout est bien. Quand quelque chose te contrarie vraiment... et en cela Je veux dire quand quelque chose semble vraiment te contrarier... ne te mets pas à croire la pensée qui te raconte que tu as échoué parce que tu as perdu ta paix. En acceptant tes ressentis de contrariété, tu ancres ta paix en toi. N'évite ni ne nie ce que tu sens, et tu es en paix. N'essaie pas de changer ce qui est en y résistant, et la paix devient l'ancre constante dans ton esprit.

Si tu regardes attentivement la pensée de culpabilité, tu apprendras très vite à rigoler devant la sottise de cette idée. Car la pensée de culpabilité n'est qu'une croyance qui n'a pas de fondement, et elle continue d'en rechercher un. Quand tu es heureuse et en paix, elle te dira que tu es coupable d'avoir cet état d'esprit. Quand la contrariété revient, elle te dira que tu es maintenant coupable pour cela.

La culpabilité est une maison chancelante construite sur des sables mouvants. Elle n'a pas de fondement. Mais ta vérité est un roc, et sa solidité te soutient où que tu ailles. Agrippe-toi à ton roc solide et tu connaîtras la paix, même si les émotions semblent vivre la contrariété. Pose-toi dans la confiance en qui tu es, et tu offres toi-même le cadeau que tu m'as demandé aujourd'hui de t'offrir.

Être en gratitude

Saint-Esprit : S'asseoir en gratitude silencieuse est une pratique bien utile. Tu n'as pas besoin de savoir consciemment ce pour quoi tu ressens de la gratitude. Être simplement en gratitude, c'est être en gratitude pour Toi... pour la vérité... pour la réalité. Laisse la gratitude se poser en toi, et tu te poses dans la gratitude. Sois simplement avec elle. N'évoque aucune image particulière. Ne pense à rien pour lequel tu sois reconnaissant. Ne pense même pas que tu es reconnaissante pour Toi-même. Car le mental ne fait qu'évoquer des images de la réalité, et les images sont moins que ce qui *est*.

Quand tu es reconnaissante sans avoir le besoin d'être reconnaissante pour quelque chose, tu apprécies ce qui est tel que c'est simplement parce que c'est. C'est là la plus haute forme de gratitude.

Apprécie la gratitude aujourd'hui, et sois en paix à chaque fois que tu remarques que tu es en gratitude. Tu es en contact avec l'Être que tu es, tu T'aimes pour l'Être qui est.

L'expérience est passée

Question : Saint-Esprit, Ta clarté serait merveilleuse en cette veille de Noël. Je Te demande de me guider vers les meilleures questions à Te poser et comment les poser. Je te demande la guidance en tout maintenant, parce que je ne veux écouter que Toi.

Réponse : Tu vois du déni en toi et chez d'autres et tu ressens du jugement de ce déni, que tu ne veux pas voir. Arrêtons-nous un instant et regardons ce jugement ainsi que la haine de ce jugement, qui prend racine dans la peur de te haïr Toi-même.

Tout ce dont tu as peur n'est pas vrai, et c'est là une pensée qu'il faut vraiment maintenir dans ton esprit. Quand tu te rappelles qu'elle n'est pas vraie, au moins un tout petit peu, tu es capable de regarder ta haine avec Moi. Quand tu y crois complètement, tu ne peux pas la regarder avec Moi, puisque *Je suis* la perspective qui te dit qu'elle n'est pas vraie.

Bien en profondeur dans ton esprit se trouve un sévère jugement contre Toi, et ce jugement a divers échos que tu peux entendre. Chaque écho est le même, même s'ils paraissent différents ; et il est très utile de se rappeler que tous ces échos sont les mêmes, car ils sont tous échos de la même source.

Un écho que tu entends souvent assez clairement est la peur. Mais la peur n'est pas toujours un écho que tu remarques. Quand tu ne reconnais pas la peur, c'est parce qu'elle est déguisée en quelque chose d'autre, un jugement ou une pensée de haine envers un autre par exemple. Il est plus facile de haïr quelqu'un d'autre qu'il ne l'est de se haïr soi-même, mais même en haïssant quelqu'un d'autre, on éprouve de la douleur. Cette douleur est une bénédiction quand tu t'éveilles à elle, car elle te dit que tu es en train de faire quelque chose que tu ne veux pas vraiment faire.

Quand tu juges ou quand tu hais un autre, tu ne fais que réprimer la peur de te juger Toi-même. Quand tu redoutes que tu vas juger, tu as déjà jugé qu'il y avait quelque chose de mal à juger. Alors dans l'acte de juger quelqu'un d'autre, qui semble être un jugement extérieur à Soi, un jugement de Soi est émis, sans que l'esprit conscient le sache.

Les jugements contre Soi semblent être stockés dans l'esprit, uniquement parce qu'ils ne sont pas relâchés. Ce que tu crois est maintenu, et ce qui est craint est préservé par la croyance, ce qui fait que l'expérience du jugement continue.

Le jugement engendre des jugements, et le jugement engendre de la peur, ce qui semble ainsi créer un piège de jugements. Mais J'affirme que ce piège n'est créé qu'en apparence, parce que le Fils de Dieu n'est victime de rien, et cela comprend le fait de ne pas être victime de son propre piège.

La lumière de la conscience est la réponse pour l'esprit du Fils de Dieu. Et orienter sa volonté sur la conscience suscite la conscience, ainsi la lumière est allumée par la volonté.

Je t'ai déjà dit que la plus grande erreur que tu commets, c'est de juger, et c'est une erreur que tu continues à commettre. Dans tout ce que tu fais, tu le fais avec une erreur de jugement. Il est temps de regarder cela de plus près.

Ce que Je te demande, c'est d'observer sans jugement, et ceci comprend le fait d'observer tes jugements depuis une perspective de non-jugement. Quand tu peux observer tout ce que tu fais sans jugement, tu renverses la croyance dans l'esprit que le jugement est mérité.

Je voudrais que tu orientes ta volonté, que tu désires intentionnellement voir tes jugements sans les juger. C'est une merveilleuse façon de voir. Quand tu vois que tu juges là où tu croyais ne pas juger, tu verras pourquoi l'esprit est dans l'état dans lequel il paraît être. Quand tu verras que l'état de l'esprit est l'effet de choix que tu as faits et auxquels tu as décidé de croire, tu pourras commencer à choisir différemment et ainsi l'activité de l'esprit changera également.

Question : Nous voudrions Te poser des questions spécifiques. Quand l'esprit semble être rempli de pensées qui sont orientées ou dirigées vers cette attitude de ne pas se connaître Soi-même, qu'est-il utile de faire ?

Réponse : Les pensées du moment, y compris les jugements du moment, sont les effets de pensées qui ont été acceptées auparavant par l'esprit. Quand Je dis acceptées, Je veux dire entendues, puis crues. À cause d'une pensée qui a été acceptée, une autre pensée a été délivrée. De cette façon, la pensée du moment est littéralement un écho du passé.

L'erreur que tu fais est de croire que la pensée que tu entends maintenant vient du présent, alors que ça n'est pas le cas. Toutes les pensées viennent de choix qui ont été faits auparavant.

Le pouvoir que tu as maintenant est un pouvoir de perception, qui peut aussi être appelé pouvoir de choisir ou encore décision de se rappeler. Maintenant tu peux regarder le passé et choisir la manière d'en faire l'expérience dans le présent. En faisant ce choix, tu acceptes une version de la pensée, et la version que tu acceptes communique ta perception de la réalité.

Toutes les pensées qui parviennent à ton esprit sont basées sur une perception que tu as demandé à voir. La partie créative de ton esprit est toujours en train de choisir une perception, ce qui signifie que la perception est changeante et non statique.

Question : Avec cette connaissance, qu'est-ce qui est le plus utile à faire ?

Réponse : Souviens-toi toujours que tu regardes le passé, mais que le pouvoir de perception est maintenant. Pose-toi dans la connaissance de ce pouvoir, et l'esprit mu par le désir connaîtra la perception qu'il est conduit à choisir.

Question : Parfois, il semble que notre énergie soit affectée par l'énergie ou par la perception des autres, visibles ou non. De quelle clarté utile peux-Tu nous faire part à ce propos ?

Réponse : La perception est une décision indivi-duelle...

Question : Tu as commencé à me donner une réponse qui faisait référence à une « décision individuelle ». J'ai un peu réagi à propos du terme « individuel » et ainsi coupé le flot de ta réponse. De quoi voudrais-tu nous faire part maintenant ?

Réponse : Lorsqu'on parle de perception, c'est de perception dont il faut parler. Dans la perception, les choix que tu fais ont l'air d'être individuels. Ils ne le sont pas, comme tu t'en apercevras une fois que ton esprit s'élèvera, mais nier ta perception parce que tu Te juges négativement n'est pas utile.

Question : D'accord. Continue, s'il Te plaît.

Réponse : La perception est une décision individuelle, et si tu en acceptes la responsabilité, tu verras que tu es libre. Il est vrai que vous êtes affectés l'un par l'autre, mais seulement comme un écho du passé. Dans le moment présent, tu choisis d'être affecté par le passé ou tu reconnais que tu n'as pas à l'être.

Il est utile d'imaginer que tu peux contrôler le temps. Imagine-toi en train de prendre le moment présent et de le ralentir. Quand tu penses au moment présent comme à un instant fugitif, il semble disparaître très rapidement, mais si tu ralentis le moment présent à un cadre temporel qui ne cesse de s'étirer, le moment présent ne peut plus disparaître.

Alors, dans ce moment sans fin qui s'étend éternellement, prends le temps de faire le choix que tu es revenu faire. Dans ce moment qui ne finit pas, tu peux faire facilement ce choix, puisqu'il est le désir du Fils de Dieu.

Question : Je sens qu'un résumé serait utile

Réponse : Le résumé est simplement le suivant : L'expérience est passée, et ceci inclut la pensée que tu sembles penser maintenant ; mais se souvenir de la vérité, c'est voir à travers le passé ce qui est maintenant. C'est cette vision qui change tout. Dès que tu t'en souviens, tu lâches le passé, et un nouveau moment d'expérience peut t'être donné.

La patience est la clé

Question : Saint-Esprit, plusieurs de mes amis semblent croire qu'ils sont victimes de leur propre esprit, ou bien victimes des pensées que recèle leur esprit. Ils sont pris dans un cercle vicieux de croyances et d'expériences duquel ils ne semblent pouvoir émerger, et ils se sentent emprisonnés en enfer. Qu'y aurait-il de plus utile à dire à ces amis qui demandent de l'aide ? Je T'abandonne toutes mes pensées et j'attends avec gratitude Ta réponse.

Réponse : La réponse repose dans le rappel de ce que tu es tout le temps. Bien que tu ne fasses pas l'expérience d'être créateur, tu en as la connaissance, au moins intellectuellement. Ce petit bout de connaissance suffit pour te mener très loin. Mais quand tu te souviens de toi-même comme d'une victime, tu oublies qui tu es. À ce moment-là, tu es toujours toi, prétendant être autre chose, mais l'expérience que tu fais vient quand même de toi.

Quand tu te souviens de ce que tu es, et décides de compter sur cette connaissance avec confiance, tu commences à créer une force motrice opposée. Et c'est cette force motrice opposée qui va commencer à créer une expérience motrice opposée. Alors, l'expérience et la foi peuvent se combiner et créer une force motrice opposée encore plus forte.

Le début du renversement est le plus difficile. Il est utile de te féliciter pour la plus petite des avancées avec une gratitude intense quand cela arrive. Rappelle-toi que tu vas là où tu fixes ton regard, alors sois donc désireux de focaliser ton esprit sur la direction que tu veux prendre.

Le premier pas dans ce renversement est le choix d'être patient. Si tu t'attends à une sorte de perfection, alors que tu crois ne pas faire l'expérience de la perfection maintenant, tu ne feras que l'expérience de l'échec parce que tu te juges. Ce n'est pas utile pour ton objectif. Choisis la patience, et non la perfection. Souviens-toi que la patience est un symbole d'amour dans ce qui semble être un monde de temps, et rappelle-toi de t'aimer par la patience.

La patience est bien plus qu'être gentil avec toi-même, et elle ne consiste certainement pas à te traiter avec faiblesse. La patience est une puissante, une formidable confiance en toi-même, qui t'enseigne que tu renverseras l'énergie de l'univers par la volonté. Et la patience sait aussi que l'énergie de l'univers n'est jamais renversée par la force, mais toujours par la coopération. Donc, comme tu vois, l'énergie de la patience est l'amour.

Une fois que tu as opté pour la patience, tu as fait un pas de géant vers le renversement des énergies qui semblent te blesser. Prends le temps d'être reconnaissant, d'avoir de la gratitude pour la patience. Prends le temps de célébrer ta décision. Par ces simples actes, l'énergie de la patience augmente, et l'énergie qui semble te cerner est atténuée par l'amour.

À présent que tu as décidé d'être patient, décide de prendre le temps de faire le travail que Je t'ai déjà demandé de faire. Oriente ton désir sur la conscience de tes pensées, et fais ceci dans la gratitude. Quand tu te rappelles qui tu es, tu es reconnaissant de voir tout ce que tu fais, car tu sais que tout ce dont tu fais l'expérience vient de toi. Ne pas voir, c'est se sentir pris au piège, mais voir c'est savoir clairement que tu es libre.

Dès que tu vois, tu remarques aussi la tentation de juger. Prends note de cette tentation et ressens la puissance de l'attraction qu'elle semble avoir. Reste là, à ressentir cette attraction. Si tu restes dans cette attraction sans la suivre, cette attraction s'affaiblira avec le temps.

Quand tu te trouves attiré par le jugement, il est utile de choisir consciemment d'y rester. Décide que tu veux ressentir cette attirance. Imagine-toi debout dans un fort courant d'eau, et ressens l'eau se précipiter autour de tes jambes. *Voilà* l'expérience que tu veux vraiment. Tu ne veux pas faire l'expérience de te laisser emporter par le courant. Tu ne veux pas non plus l'expérience d'y résister, de remonter à contre-courant ou de te battre contre le courant. Ce que tu veux, c'est l'expérience d'être dans le courant, de le sentir et de le laisser se précipiter autour de toi, mais sans désirer t'y abandonner.

À mesure que tu apprécieras ce courant, il s'affaiblira avec le temps. Voilà le pouvoir du choix d'embrasser ton expérience.

Une fois que les eaux se sont calmées, et ceci peut te demander de rester dans le courant plusieurs jours, tu es à présent prêt à observer plus attentivement les pensées que tu étais tenté de juger. Tu ne verras pas toutes ces pensées immédiatement, mais elles dériveront vers toi une à une, comme des feuilles qui flottent sur un ruisseau.

Quand une pensée qui n'est pas utile flotte dans ta conscience, ramasse cette feuille hors de l'eau. Regarde-la. Prends toujours le temps d'examiner les feuilles qui se présentent à ta conscience. En les examinant, tu les acceptes, et par l'acceptation tu reconnais que tu n'en veux pas et tu les libères.

Il est utile de ne pas trop penser quand tu examines une feuille que tu viens de ramasser sur la rivière. N'essaie pas de la comprendre ou de l'identifier avec l'intellect d'un scientifique. Observe-la avec l'innocence d'un enfant. Un enfant ne s'intéresse pas à la variété de feuilles, ni ne s'interroge analytiquement sur l'arbre duquel la feuille provient. Un enfant regarde simplement la feuille comme elle est, puis décide, d'après le plaisir qu'elle lui apporte, s'il la gardera ou bien s'il la laissera, se redonnant ainsi à lui-même sa liberté.

Le travail que tu fais est un travail calme et patient, et il est amour. Rappelle-toi qu'en faisant ce travail de patience, tu t'aimes. Aujourd'hui est une superbe journée ensoleillée, et il n'y a pas de raison de te presser. Reste debout dans la rivière, apprécie le travail que tu fais, et attends patiemment avec enthousiasme la prochaine feuille.

Maintenant, regardons ensemble la pensée qui te dit que tu ne peux pas faire ce travail. Tu peux sentir la ruée de l'eau alors que tu ramasses cette feuille, n'est-ce pas ? Tout à coup, l'eau prend peur, et tu crains de perdre pied et d'être emporté par le courant. Lève les yeux, regarde en haut. Il y a là une branche. C'est une branche bien solide, connectée à un arbre très fort. Vas-y, attrape la branche. À présent, tu ne peux pas tomber. Tout en t'accrochant à la branche, en sachant que l'arbre lui aussi te retient, reviens au souvenir de ce que tu es. Souviens-toi d'être patient, et rappelle-toi que la patience est amour. Sois dans le courant de l'eau, restes-y, et laisse-le courir vers toi, autour de toi et à travers toi. En restant là où tu es, dans cet état d'être, et si tu permets à la peur d'être la peur qu'elle paraît être, la peur va se radoucir. Il s'agit là d'un pas de géant vers la calme connaissance que tu es. Chaque fois que tu te souviens de laisser l'eau ruer vers toi, tu choisis l'expérience de la paix. Par le calme, le travail est fait plus efficacement, et le calme vient du choix de ne pas paniquer dans l'instant. La patience n'est pas la panique. Accompagner la panique n'est pas la même chose que la fuir. L'accompagner, c'est savoir que, malgré les apparences, tout va bien.

Regardons à présent l'idée qu'une idée est différente d'une autre. Elle te dit que le travail peut être fait sur un type de pensée, mais qu'une autre pensée est une réalité. Sens la panique et la ruée des eaux. Attrape la branche au-dessus de ta tête et sache, au plus profond de ton être, que ceci n'est jamais vrai. Laisse l'eau se précipiter vers toi, autour de toi et à travers toi, et reste tranquille... en sachant que l'idée de la différence ou de la particularité, et cela comprend la particularité de la pensée, n'est qu'une idée. Et en soi, en tant qu'idée, le processus du lâcher-prise est le même.

Rien n'est jamais différent, et la patience est la clé parce que la patience est amour.

Élargis ta vision

Saint-Esprit : Le désir d'être aimé par d'autres est le désir d'éviter la haine de toi-même que tu perçois en toi. Je parle de « haine perçue » parce que tu ne te hais pas vraiment. C'est une illusion de toi que tu hais. Il est très important que tu t'en aperçoives, et c'est cette réalisation-là qui te permettra de lâcher tout ce dont tu as peur.

Pense un moment à ton désir d'être aimé... à ton désir d'être approuvé, d'être apprécié ou d'être bien vu par d'autres. Si tu es honnête envers toi-même, tu verras que c'est l'un de tes désirs les plus grands en ce monde. Quand tu n'aimes pas quelqu'un, c'est souvent parce que tu crois qu'il ne t'aime pas d'abord. Quand tu aimes quelqu'un, c'est habituellement parce que tu te sens aimé par cette personne. Il y a une relation directe entre tes sentiments pour les autres et la façon dont tu perçois leurs sentiments à ton égard.

Le désir d'être aimé est un grand obstacle à l'éveil, puisqu'il recouvre la plus grande de tes peurs. C'est aussi un obstacle à suivre la Guidance, ou à « être authentique » parce que tu pourras dévier de Mon Inspiration que tu entends, du moins dans une certaine mesure, si tu sens que tu risques de ne pas être approuvé par d'autres.

J'aimerais que tu prennes un moment maintenant pour aller regarder dans ton esprit ta mémoire humaine et réaliser à quel point le désir d'amour est un obstacle.

Maintenant que tu t'es aperçu que ce que Je dis est vrai, allons voir ensemble la raison de cet obstacle. La raison est claire et facile à voir. En dessous du désir d'être aimé, il y a la croyance intense et bouillonnante à la haine de Soi. Cette sensation... cette croyance... est si intense que rares sont les fois où tu la regardes en face, droit dans les yeux. Au lieu de cela, tu préfères regarder dans les yeux de l'approbation illusoire. Mais ne te mens pas à toi-même. L'approbation illusoire est illusoire et n'est pas fondée sur la vérité. Tu le réalises quand tu te rends compte que l'approbation illusoire est instable et changeante. Elle n'est jamais constante et elle n'est pas une chose sur laquelle tu puisses certainement compter. C'est d'ailleurs la raison pour laquelle tu es toujours en train de *jouer un rôle*, n'étant jamais véritablement authentique. Tu crains de perdre cette approbation illusoire et tu fais (ou ne fais pas) ce que tu crois nécessaire pour préserver cette approbation que tu recherches si désespérément.

Maintenant que je t'ai dressé ce tableau, et que tu le regardes honnêtement avec Moi, Je voudrais te parler de ce que tu te fais à toi-même. Il est important que tu le voies comme un obstacle à ton vrai bonheur. Si tu ne vois pas que c'est un obstacle, tu ne le lâcheras pas, parce que tu crois que cette approbation illusoire est l'amour, et tu sais que l'amour est le seul moyen d'être heureux.

Quand tu recherches l'approbation illusoire, ou alors quand tu crois l'avoir trouvée, tu places ta confiance en une chose qui n'est pas réelle. Et parce que tu es le Fils de Dieu, tu sais à un niveau intuitif que tu as placé ta confiance dans le faux comme si c'était vrai. Tu sais aussi que c'est un mensonge et, puisque c'est un mensonge, cela va te décevoir. Ainsi, à un niveau qui peut ne pas te sembler conscient, tu vis ta vie d'approbation illusoire et c'est une vie de peur. C'est la raison pour laquelle tu ne peux jamais te détendre. La base sur laquelle tu as dressé l'obtention de ton bonheur n'est pas ferme, et, en tant que Fils de Dieu, tu le sais.

J'ai dit que cette idée – que tu ne peux compter sur l'approbation illusoire – semble inconsciente. J'ai dit qu'elle te semble inconsciente parce qu'en vérité elle ne l'est pas. Si tu y regardes de près avec Moi, tu verras que la peur de perdre l'approbation n'est jamais vraiment inconsciente. Tu peux ne pas admettre que tu fais telle ou telle chose, et que tu n'es jamais vraiment authentique, car tu recherches l'approbation. Mais si tu regardes lentement et calmement avec Moi maintenant, tu sais que c'est vrai. L'idée que tu dois obtenir l'approbation est toujours là, qui attend et se cache dans le fond « ouvert » de ton esprit. Ainsi, cette idée n'est pas inconsciente. Et si elle n'est pas inconsciente, alors tu peux la regarder plus directement avec Moi.

À présent, regardons ensemble ta peur la plus grande en ce monde. Imaginons que tu n'aies plus d'approbation. Imaginons qu'il n'y en ait plus la moindre trace. Imaginons que partout où tes yeux se posent, tu ne rencontres que haine ouverte à ton égard. Il n'y a plus une seule âme sur laquelle tu puisses compter. Le monde tout entier se met d'accord sur une chose, et cette seule chose est qu'ils ne t'aiment pas. Ils ne veulent pas de toi. Ils ne veulent pas te regarder. Ils ne veulent même pas qu'une seule pensée de toi leur traverse l'esprit, parce qu'ils en souffriraient terriblement. La seule chose sur laquelle le monde entier soit d'accord est la suivante : tout le monde te hait de façon totale et complète, et tout le monde est dégoûté de toi.

Entretiens cette idée un moment, et vois à quel point tu en as peur. Ne t'inquiète pas de savoir si elle peut être vraie ou pas. Elle ne peut pas être vraie. Il est impossible d'être totalement abandonné par l'amour. Cependant, observe cette idée comme si elle était réelle, et note à quel point tu crains qu'elle soit la vérité.

À présent, allons regarder au-delà de cette idée, puisqu'il y en a une autre que tu crains davantage. Prends Ma Main et déploie avec bonne volonté ta libre imagination alors qu'ensemble nous nous apprêtons à regarder de près ce dont tu as vraiment peur.

Quand tu vois le monde te haïr, te détester, et t'éviter, tu es comme perdu dans une souffrance terrible. Mais ne te détourne pas de la raison pour laquelle tu souffres. Ta souffrance ne provient pas vraiment des gens. Observe attentivement, honnêtement et complètement ce que tu ressens maintenant. Tu souffres parce que tu crois que la haine qu'ils projettent sur toi est vraie. Tu crois qu'elle est réelle. Et tu crois qu'elle est réelle, parce que tu crois qu'elle est méritée.

Alors, en un brusque changement de perspective, tu vois clairement que le jugement que tu crains n'est pas vraiment le leur. C'est d'être d'accord avec leur jugement que tu crains. Tu as peur du jugement que tu prononces contre toi-même. Tu as peur de la haine définitive, totale et auto-dévorante que tu éprouves contre Toi. Et à chaque fois que tu recherches une approbation... à chaque fois que tu veux qu'une personne extérieure à toi t'aime..., tu ne te rends pas compte que ton véritable désir, c'est de t'aimer, tout simplement.

S'aimer soi-même n'est pas aussi difficile que tu le crois. S'aimer soi-même consiste en fait à se voir tel que l'on est, plutôt que tel que l'on n'est pas. Et même si tu as entraîné tes yeux à te voir tel que tu n'es pas, que tu te regardes toi-même ou bien que tu regardes les autres, ton esprit peut conduire tout aussi naturellement ton attention à voir ce que tu es. Il suffit de reconnaître l'un comme ta vérité, et l'autre comme ce qui n'est pas ta vérité.

C'est pourquoi Je te demande de regarder au-delà du corps quand tu veux voir la vérité de ce que tu es. Tu ne pourras jamais limiter ta vision au corps, ni à aucun aspect qui représente l'individu en tant que soi, et t'aimer en même temps, parce que *ce que tu es n'est pas séparé*. Tu dois élargir ta vision à toutes choses si tu veux T'aimer. Tu dois laisser tes yeux regarder par la fenêtre et se poser sur un buisson, ou sur une de ses feuilles, ou bien sur un avion, une voiture, ou un bout de papier en boule qui tournoie sur le trottoir au gré du vent. Laisse tes yeux se poser sur n'importe quelle chose qui ne semble pas être le corps et dis-toi : « Ce que je vois là est aussi moi ».

C'est en élargissant ta vision, en te rappelant de cette pensée constamment jour après jour, en t'en souvenant d'instant en instant, que tu vas commencer à réaliser que tu ne te hais pas vraiment. Tu crains de Te haïr, mais c'est parce que tu acceptes Ce que tu es comme moins que ce qu'Il est. Quand tu élargis ta vision de Toi à tout, tu ne peux Te haïr. Tout ne peut être qu'aimé. Afin de juger et de haïr, tu dois séparer. Mais sans l'illusion de la séparation, il ne subsiste que l'amour.

Sois désireux d'élargir ta vision de ce que tu es. Tu ne peux pas aimer une illusion de toi-même, parce que ce n'est pas la vérité. Mais l'amour de la vérité s'écoule, et tu ne peux être séparé de ce flux quand tu acceptes que ce mouvement du tout, le flux de tout ce qui est, c'est toi.

Choisis d'être heureux
avec ton souhait d'être différent

Saint-Esprit : Tu fais l'expérience d'une sensation de vide ou de manque, que tu essaies de remplir avec des expériences dans le monde. Tu t'occupes à remplir ce vide de plusieurs façons... par la recherche spirituelle, par la nourriture, par un changement de carrière ou par l'obtention d'une meilleure santé. Mais toujours tu juges le moment présent comme étant incomplet et tu penses constamment qu'un présent différent serait meilleur.

Vois-tu comme ceci n'est rien d'autre qu'une répétition de la « petite idée folle »[3]... du souhait que ce qui est maintenant soit différent ?

Je te demande de remarquer combien tu désires que le présent soit différent et qu'il y ait des changements dans ton expérience actuelle afin que tu sois heureux. Et puis Je te demande de remarquer que, dans ce souhait que le présent soit différent, tu fais le choix de ne pas être heureux maintenant.

Remarque simplement. *Remarque que vouloir qu'une chose soit différente, c'est choisir de ne pas être heureux maintenant.*

Et puis, une fois que tu l'as remarqué, continue d'avoir la bonne volonté de remarquer combien tu souhaites que le présent soit différent. Tu risques de voir que ce souhait est bien plus prédominant que tu n'en avais conscience. Et tu risques de souhaiter que *ceci* aussi ait été différent...

---

3. Voir note en page 53.

de souhaiter de n'avoir pas émis ce souhait. Mais quand tu vois cette dernière pensée, fais une pause, et observes ce que tu regardes. Le souhait de ne pas avoir le souhait est un clair écho de ton jugement de la « petite idée folle ».

À présent, avec cette réalisation dans ton esprit, peux-tu choisir de voir les choses différemment ? Peux-tu choisir d'être heureux de ce souhait dans ton esprit ? Peux-tu remarquer que tu veux que le présent soit différent, voir clairement que vouloir que le présent soit différent est ce qui t'empêche d'être heureux maintenant, et puis choisir d'en être heureux ?

Si tu peux choisir d'être heureux avec ce souhait d'être différent, tu peux alors choisir d'être heureux avec toi-même. Car à chaque fois que tu juges tes idées, tu condamnes l'essence de ce que tu es. Et quand tu choisis de condamner l'essence de ce que tu es, tu choisis l'expérience de la peine et du malheur.

Ne pense pas trop aux effets que pourrait avoir une telle décision. Si tu recherches des effets en espérant qu'ils soient différents, tu es encore pris dans le jugement du présent sans voir ce que tu fais. Au lieu de cela, remarque que tu espères des effets différents. Remarque que tu juges le moment présent et permets-toi d'être heureux de ce souhait. Dis-toi : « Oui, je veux que les choses soient différentes. Oui, je souhaite qu'elles soient différentes de ce qu'elles sont. Quel esprit magnifique j'ai, de pouvoir souhaiter cette différence et d'avoir l'expérience de la lumière du non-vrai ! »

Question : J'admets que j'ai peur à l'idée de mettre ce message en pratique.

Saint-Esprit : C'est encore ce sentiment que tu as d'être « sans fondations », de te sentir désancrée. Autorise cette sensation dans la joie.

Le jugement est la base, parce que c'est la pierre angulaire de cette expérience d'illusion. Sans cette pierre, les fondations et l'illusion doivent s'écrouler. Tes jugements qui maintiennent en place le non vrai sont très subtils, et c'est l'heure de commencer à regarder ces subtilités. Tu remarques que certains jugements sont des jugements et tu choisis d'en lâcher-prise, mais d'autres, tu les vois comme vrais et tu les gardes, car tu crois être dans le vrai. Juger le moment présent par ce souhait, c'est juger, et juger ce souhait, c'est juger davantage encore. Voir ces choses sans les juger, c'est ébranler les fondations de l'illusion, et c'est pourquoi tu as peur.

Souviens-toi : la peur, c'est de la résistance à lâcher la croyance que le faux est vrai. Accepte ta résistance sans jugement, et puis continue d'avancer dans Ma demande et en te rappelant que la patience est la clé. Nous descendons très en profondeur dans l'esprit maintenant, et c'est la réponse à toutes tes questions. Nous continuerons à avancer dans l'esprit en descendant petit à petit, mais nous allons vers le noyau, donc les effets de ce voyage seront grands.

La façon la plus efficace

Saint-Esprit : Ta volonté est tout. C'est une leçon que Je t'ai demandé d'apprendre. C'est la leçon que tu voulais apprendre, parce que c'est ta volonté de l'apprendre.

Maintenant que cette leçon est devenue claire dans ta conscience… maintenant qu'il n'y a plus de doute quant à ce qui doit être fait si ton but dans cette vie est de t'éveiller… maintenant que tu réalises que ton but est de t'éveiller et que ta volonté en est le moyen, Je voudrais te parler des façons dont tu peux augmenter ton désir de t'éveiller.

La façon la plus efficace d'augmenter ton désir de t'éveiller est la conscience. Quand Je parle de conscience, Je parle de voir ou de noter sans jugement ou bien d'être conscient *sans juger*. En réalité, tu ne peux pas être conscient si tu juges. Le jugement est l'outil de l'illusion. Donc par définition et par objectif, à chaque fois que tu juges tu choisis l'illusion, et donc tu choisis aussi de ne pas être conscient. L'illusion, c'est ne pas voir les choses telles qu'elles sont, alors l'illusion c'est aussi ne pas être conscient.

La façon la plus efficace d'augmenter ton désir de t'éveiller est d'être conscient de l'ego. L'ego est une chose dont tu ne veux pas, mais tu ne te rends pas compte que tu ne la veux pas quand tu es aveuglé par les illusions. Quand tu es aveuglé par les illusions à cause du jugement, tu crées l'illusion d'avoir un choix entre deux options. Choisir ainsi est une ruse, parce que choisir semble envisager deux options et en placer une au-dessus de l'autre. Tu te sens alors attiré par celle qui semble se trouver au-dessus, et tu crois que tu as choisi quelque chose que tu veux. Mais, en réalité, tu n'as pas choisi quelque chose que tu voulais. Tu as simplement été aveuglé par la fausse lueur de l'ego qui t'empêche de le regarder et d'être conscient de sa nature. Si tu regardais et prenais conscience de l'ego par le cœur naturel et non aveuglé du Fils de Dieu, tu saurais que tu n'en veux pas.

Sache qu'à chaque fois que tu choisis d'écouter tes jugements... à chaque fois que tu choisis de croire qu'une option, une possibilité, est meilleure qu'une autre... tu fais également le choix d'être aveuglé pour ne pas voir. Quand tu réaliseras que c'est ce que « choisir entre deux options » signifie, tu commenceras à perdre ton désir de choisir ainsi. En ne faisant naturellement plus l'expérience du désir d'être aveuglé, en observant et en prenant conscience que c'est ce que tu avais choisi de faire, tu commenceras aussi naturellement à choisir différemment, et ceci sera le début de la fin du choix de juger.

La façon la plus efficace d'augmenter ton désir de t'éveiller est d'être conscient de l'ego sans jugement. Encore une fois, le jugement ne te permet pas d'être conscient. Souviens-toi de cela, et tu perdras le goût du jugement.

La conscience, c'est regarder, savoir et voir sans être attaché, mais la conscience n'est pas l'absence de désir. La conscience est claire sur le désir sans jamais être distraite, et la conscience regarde à partir de l'objectif du désir. De cette façon, la conscience, sans effort, dirige toutes choses à travers le désir. Ceci n'est pas un effort d'attention, bien que tu puisses utiliser l'attention pour t'aider. C'est simplement la puissance tranquille de la conscience qui est consciente sans la distraction aveuglante du jugement.

La conscience est la voie à suivre pour augmenter ton désir de t'éveiller, parce que la conscience est pure conscience du désir sans distraction. En vérité, comme on te l'a déjà dit, le Fils de Dieu a un unique vrai désir. C'est le désir de connaître le Fils de Dieu.

La conscience, sans conception intellectuelle de ce qu'est ce désir, *est* ce désir. Donc, la conscience, non recouverte par la distraction aveuglante qu'est le jugement, dirige toutes choses dans l'accomplissement de son seul désir.

La conscience est la lumière du Fils de Dieu, parce que la conscience est Son désir éveillé, connu et non dissimulé par les fausses perceptions du jugement.

Fais confiance
à Ce Qui Est constant

Question : Comment puis-je apprendre la confiance ?

Réponse : La confiance peut venir de l'identification à la force ou à la puissance intérieure. La difficulté que l'on trouve à s'identifier avec cette puissance, c'est qu'elle n'a pas de forme, et tu es beaucoup trop identifié à la forme. Pourtant, c'est bien à la forme qu'on ne peut pas faire confiance. C'est la forme qui ne dure pas, et qui n'est pas constante. Si tu continues de rechercher la confiance dans la forme, tu ne la trouveras pas, et tu continueras uniquement à apprendre le manque de confiance.

Détourne ton attention de l'extérieur... du moi... vers l'intérieur, vers la Force. Connais et ressens cette Force à l'intérieure. Ne compte pas sur la forme. Connais et ressens cette Force au dedans qui surplombe la forme.

Cela Qui Est Constant.

Quand tu pourras regarder la forme aller et venir dans ton expérience, sans y rechercher un attachement pour y accorder ta confiance, tu seras capable de sentir la stabilité de la Force, qui est confiance. Alors, tu seras capable de faire confiance, peu importe ce qui semble se passer dans la forme. Et ceci inclut ce qui semble se dérouler autour de toi, mais encore plus important, ce qui semble aussi se dérouler dans cet aspect de la forme que tu appelles le mental.

La Force est constante. Places-y ta confiance, dans le sans-forme. Alors, ta confiance ne fluctuera pas avec la forme.

Les « personnes »
ne sont qu'une expérience

Question : Saint-Esprit, Laurent a des questions, que je Te présente.

Que nous dirais-Tu au sujet de l'indépendance par rapport aux choses du monde, si l'on se dirige vers l'unique dépendance envers Dieu ?

Que voudrais-Tu nous dire pour pallier la confusion entre discernement et jugement ?

Que voudrais-Tu nous dire pour nous aider à discerner entre la Voix qui parle pour Dieu et la voix de la confusion ?

Je m'en remets complètement à Toi pour toutes les réponses à ces questions.

Réponse : Avant de parler à Laurent, Je M'adresserai à toi, la scribe des messages qui lui sont adressés. Afin de livrer Mon message clairement, tu ne dois avoir aucune idée personnelle, c'est-à-dire qui te soit propre. Je veux dire par là que tu dois mettre de côté toutes les idées qui te disent que tu es une personne et qu'il en est une autre. Pour prendre un message, il est très utile de ne pas te voir du tout comme une personne, mais plutôt comme un réceptacle à travers lequel les messages arrivent. Et il est aussi des plus utiles de considérer que ces messages proviennent et sont donnés d'esprit à esprit, donc il n'y a aucune différence entre l'esprit qui reçoit ou qui demande et l'esprit qui donne la réponse. Ta seule fonction est de prendre le sans-forme et lui permettre de naître dans la forme, parce que telle était la demande de l'esprit. Mais ne te considère pas prenant d'un endroit pour donner à un autre, car ce n'est pas le cas. Les idées n'ont pas été déplacées et sorties de là où elles existent. Rien n'a changé par le fait que tu les écrives. Ce n'est qu'une naissance dans la forme.

Laurent aussi doit arrêter de se voir lui-même comme une personne séparée. Il ne s'en rend pas compte maintenant, mais se voir lui-même comme séparé est le plus grand défi auquel il doit faire face. Il croit que ses pensées sont le problème, mais ses pensées ne sont que l'effet de ses croyances.

Ma recommandation pour vous deux est de vous concentrer sur la dissolution. Dissolvez l'idée des personnes. Dissolvez l'idée qu'il y a quelqu'un et quelqu'un d'autre. Lâchez la pensée que vous êtes séparés. Cet obstacle est bien plus important que vous ne le réalisez.

Question : Comment dissoudre l'idée des personnes ?

Réponse : Vous devez voir que « les personnes » sont simplement une expérience. Gardez l'idée suivante dans votre esprit quand vous parlez à quelqu'un ou quand vous pensez à quelqu'un :

« *«Les personnes» ne sont qu'une expérience. Tout ce qui se passe maintenant se déroule dans un seul esprit* »

Cette idée, maintenue fermement, peut dissoudre immédiatement l'idée des personnes. Maintenue de façon constante et régulière, l'idée des personnes peut s'estomper.

Quand tu réalises qu'il n'y a que l'esprit, toutes les questions que tu poses trouvent automatiquement leur réponse. Ces questions ne peuvent avoir de sens que si un autre existe.

S'il n'y a pas d'autre, pas de monde, pas de formes véritables, mais seulement des idées dans un esprit, peux-tu être dépendant d'autre chose que de Dieu ? L'idée même de dépendance ne devient alors qu'une idée, puisqu'il n'y a personne d'autre de qui dépendre.

S'il n'y a pas d'autre, peut-il y avoir du jugement ? Il n'y a plus d'autre à juger. Il n'y a plus que le discernement, et le discernement reconnaît simplement que ce qui n'est pas vrai est faux. Le discernement ne conduit pas au jugement, parce qu'il ne voit rien de tangible à juger.

S'il n'y a pas d'autre, la confusion peut-elle partager une histoire qui rend confus ? La voix de la confusion ne fait que parler d'autres. Elle te voit comme une personne séparée, mais si tu n'es pas une personne, la voix de la confusion ne peut rien avoir d'intéressant à dire.

Question : Saint-Esprit, je comprends ce que Tu dis, mais je ne peux m'imaginer lâcher l'idée des personnes au degré dont Tu parles.

Réponse : Regarde bien cela. Observe l'idée que tu ne peux lâcher l'idée des personnes puis réalise que c'est une déclaration de ta bonne volonté, plutôt qu'une déclaration de tes capacités.

Il n'y a pas de capacité... ou bien dit autrement... il n'y a pas défaut de capacité dans l'esprit. Il n'y a que la bonne volonté, qui est volonté ou désir.

Désires-tu voir que tu n'es pas une personne séparée ? Est-ce ce que tu veux vraiment ?

Laisse cette question résonner dans ton cœur aujourd'hui. Réalise que cette question ainsi que ce message sont arrivés dans la forme parce que l'esprit voulait qu'ils naissent. Si l'esprit ne voulait pas qu'ils naissent, ils n'auraient pas pu arriver. Par conséquent, c'est le message que vous désiriez. Ce sont les mots que vous vouliez voir. C'est le message que vous vouliez entendre en votre conscience.

Abandonnez la séparation. Lâchez l'idée que les autres existent. Arrêtez de vous voir vous-mêmes comme des personnes. Tout ce dont vous faites l'expérience est l'expression d'idées, et les idées ont lieu dans un esprit. Faites un pas de recul et regardez l'expression se dérouler. Soyez désireux d'être agis par elle... d'en faire partie dans l'expérience... tout en réalisant que rien n'est séparé d'elle. Tout cela est un unique mouvement d'idée.

Il n'y aura jamais quoi que ce soit à craindre

Question : Saint-Esprit, de quoi voudrais-tu faire part à quelqu'un qui a peur de lâcher ses projections, car il ne voit ses projections que comme des protections contre une chose très, très horrible ?

Réponse : Mes enseignements ont été mal compris. Il n'y a rien de très, très horrible. Il y a seulement une croyance en quelque chose de très horrible.

Il y a de la peur attachée au mot « croyance » parce que vous croyez que la croyance rend réel. Mais la croyance ne rend pas réel. La croyance ne fabrique que de la croyance. Ce qui n'est pas réel reste toujours non vrai. C'est pourquoi il n'y a rien à craindre.

Mais l'esprit qui a peur projette, parce qu'il croit qu'en projetant, il se protège. Une fois de plus, nous parlons uniquement de croyances, mais les croyances peuvent *paraître réelles* aux yeux de celui qui y croit. C'est la raison pour laquelle les croyances doivent être abandonnées en premier. On lâche les croyances *avant* que la projection ne soit abandonnée, car l'esprit ne peut lâcher la projection alors qu'il croit encore à la peur.

Ne crains pas que tes projections te soient enlevées alors que tu tiens toujours à tes peurs. Ceci ne peut se produire. Les projections ne peuvent qu'être rendues que quand tu n'en as plus besoin.

Quand tu consens à te dire que « les personnes » ne sont qu'une expérience, tu ne te places pas dans une position de danger. Tu ne fais que t'enseigner à toi-même que tu ne veux plus croire au non-vrai. Et quand tu t'enseignes cette leçon, c'est de ton cœur que tu parles, et n'importe quelle idée qu'on pourrait qualifier d'effrayante se met à fondre comme neige au soleil, par ton amour et ton désir. Aie confiance en ton désir et en son travail de guérison de ton esprit. Sache qu'à mesure que l'esprit guérit, les peurs sont retirées. Mais les peurs seront lâchées avant que les projections ne le soient, donc tu n'as pas besoin d'avoir peur de faire face à une chose que tu ne pourras pas supporter parce que tu as encore besoin de protection.

Question : Peux-Tu nous dire comment le désir fait fondre la peur ?

Réponse : Je peux te l'expliquer d'une façon que tu comprendras. Le désir est littéralement une force créatrice. Le désir de non-vrai ne peut pas créer le non-vrai, mais peut créer une expérience à laquelle tu peux croire si tel est ton choix. Pareillement, un désir uniquement pour le vrai, ou bien un désir pour ce qui reflète uniquement la vérité, ou même un désir de voir vraiment le non-vrai, changera tout, parce que c'est un changement de désir.

C'est vraiment aussi simple que de se tourner dans une autre direction. Quand tu regardes d'un côté, tu vois ce que tu vois. Quand tu changes ton regard de direction, tu vois autre chose.

Ne crains pas de te faire mal. Tu ne le peux pas. Pour faire l'expérience de Soi se dévorant ou se torturant d'une horrible façon que tu ne pourrais supporter... pour faire cette expérience, il faudrait que tu la désires complètement, et tu ne peux pas la désirer complètement à présent. Tu ne l'as jamais désirée complètement, et c'est pourquoi tu as créé la projection. Par conséquent, c'est une peur qui ne peut pas exister. Elle ne peut exister ni en réalité ni en expérience, car c'est une chose que tu ne désireras jamais être.

Tu es amour, et tu ne peux jamais être séparé de l'amour. Peu importe l'intensité de ta peur, tu sais que tu veux l'amour. Peu importe l'intensité de ta haine, tu sais que tu veux l'amour. Même de projeter le monde est la preuve que tu veux l'amour. Tu as créé cette projection, parce que tu es amour. Tu as désiré être doux avec toi-même, et tu seras toujours doux avec toi-même. Il n'y aura jamais quoi que ce soit à craindre.

Les deux « je ne sais pas »

Saint-Esprit : Permets-Moi de te parler d'éveil spirituel, car il y a une grande confusion dans le monde à propos de l'endroit où on doit chercher la Lumière.

Nombreux parmi ceux qui recherchent la Lumière continuent de chercher en dehors d'eux-mêmes. Il s'agit là d'un message très important, car la plupart de ceux qui la recherchent à l'extérieur d'eux-mêmes croient qu'ils regardent à l'intérieur, et pourtant leur attention est mal orientée. En même temps, il y a une guidance intérieure subtile qu'ils écoutent et qui les mène à utiliser des symboles qui semblent être à l'extérieur.

C'est là où les termes « intérieur » et « extérieur » deviennent inutiles. Le seul facteur qui soit vraiment déterminant, c'est le but ou l'objectif qui sous-tend la « recherche ». Et quand nous aurons terminé ce message, nous nous rendrons compte que l'idée même de « recherche » est une erreur.

Le Fils de Dieu est guidé par la connaissance, ou alors il est guidé par le manque de connaissance. Le manque de connaissance est une perception, puisqu'il ne peut jamais être vrai, mais quand le Fils de Dieu est guidé par le manque de connaissance, Il renforce cette perception en Lui.

J'enseigne que « je ne sais pas » est un moyen de contacter la connaissance. C'est vrai quand « je ne sais pas » est accompagné d'une confiance sous-jacente que la connaissance mène le pas. « Je ne sais pas » accompagné de confiance, d'un sentiment de paix et de détente et d'un sentiment général de bonheur devant ce qui semble se passer maintenant... *c'est ça* la connaissance. Dans ce non-savoir, il n'y a pas de manque. Il n'y a pas de recherche, ni de saisie de quoi que ce soit. Il n'y a qu'une conscience-confiance d'un état constant de perfection, même si on ne peut réaliser cette perfection qu'en maîtrisant la confiance dans le mystère de toutes choses.

Il y a aussi un autre « je ne sais pas » qui, lui, est alimenté par la peur. Il est alimenté par le manque et le jugement de ce manque, qui est en fait le jugement de Soi. C'est ce « je ne sais pas » qui pousse à la recherche. Et puisque ce « je ne sais pas » croit au manque... croit qu'il est séparé de la connaissance... ce « je ne sais pas » cherche en dehors de lui-même une chose qu'il croit ne pas avoir. Cette recherche n'est pas utile, puisqu'elle renforce la fausse perception que tu es ce que tu n'es pas. Cette idée de recherche... cette idée que « je ne sais pas et je dois obtenir un savoir à l'extérieur de moi »... cette quête de vérité spirituelle t'empêche de trouver l'exacte vérité de ce que tu es.

Voici Mon conseil, et ce conseil mettra fin à la recherche. Quand tu suivras ce conseil, il se peut que tu continues à utiliser des enseignants, des livres et des enregistrements comme faisant partie de ton apprentissage... ton apprentissage à voir et à te rappeler à nouveau. Mais même en continuant ton chemin et même en utilisant ces ressources que Je t'aurai fournies et qui te sembleront être à l'extérieur de toi, tu ne seras pas perdu et tu ne chercheras pas vraiment, car tu sauras que tu suis ton propre chemin.

Voici Mon conseil :

Sache avec confiance que toute connaissance est en toi maintenant. Tu ne manques de rien. C'est vrai que tu ne connais pas la totalité de la connaissance à un niveau conscient. Accepte et sois d'accord avec ça. Accepte que la connaissance *guide* bien plus qu'on ne s'en rend compte consciemment. Accepte que la connaissance soit un mouvement, et que ce mouvement te traverse et te conduit au parfait moment, en harmonie avec la connaissance totale. Ce que cela signifie, c'est qu'à chaque instant tu ne sembles certes pas comprendre tout ce qu'il y a à voir et à comprendre, mais à chaque instant, si tu en as un vrai désir, tu verras et sauras ce que tu auras besoin de voir et de connaître dans cet instant.

La connaissance, quand on l'appelle et qu'on lui fait confiance, te dira quel livre lire. Elle te dirigera vers un enseignant spécifique pour un temps, et te guidera aussi à quitter cet enseignant et à refermer ce livre quand le moment en sera venu. Et la connaissance se servira de tout ce qui semble être à l'extérieur de toi afin d'éveiller la réalisation intérieure. La connaissance ne mène pas à rechercher ; la connaissance est connue là, dans l'instant, et elle est un guide dans l'expérience totale du rappel.

Ne recherche pas à l'extérieur de toi. Ceci ne fera que renforcer l'idée que tu es le manque et que tu es coupable d'être le manque que tu es. Ça n'est pas vrai de toi et cette fausse perception ne peut que te conduire à souffrir davantage.

Mets de côté toute quête, toute recherche. Sache et aies confiance que tu sais tout maintenant et que tu n'as pas besoin de savoir tout consciemment pour vivre la connaissance que tu es. Tu as uniquement besoin de savoir ce que tu sais maintenant. Ce savoir, même si c'est juste prendre un livre et le lire dans l'instant... ce savoir est parfait, et en lui faisant confiance, tu Te connais maintenant.

La surface est en surface

Question : Bonjour mon Ami. Que dirais-Tu à un esprit qui est accro à la peur et au jugement ?

Réponse : Relâche-toi, et réalise que l'addiction n'est qu'une illusion. Le courant sous-terrain qui conduit toutes choses est l'amour. La peur et le jugement ne sont que des pensées de surface qui recouvrent l'amour de ce qui est. Mais puisque la surface est en surface, comme de la poussière sur un meuble, cela n'exige aucun effort de regarder au travers de la surface vers la vague souterraine. Tu peux voir la poussière et le meuble qui est en dessous. Tu sais lequel des deux a une vraie substance, lequel est fondamental, et lequel est éphémère et n'a pas de sens.

La clé, c'est de ne tuer ni la peur ni le jugement. Nous ne sommes pas là pour anéantir quoi que ce soit. La clé, c'est de voir au travers vers ce qui est vraiment là, vers ce qui guide véritablement, vers ce qui se passe honnêtement dans l'instant. Quand tu regardes sous la surface de ton propre esprit, empli de son bavardage qui n'a pas de sens, de ses peurs ridicules et de ses jugements inutiles, tu trouves le cœur. Le cœur est fort et solide, et tu as suffisamment découvert le trésor enfoui pour le connaître et le ressentir n'importe quand. C'est un simple changement de ce que tu écoutes qui t'est demandé. Détourne tes oreilles... ton attention et ta croyance... de ta « pensée de surface » à ta « connaissance du cœur ».

La pensée de surface est plus bruyante, mais la connaissance du cœur est plus fondamentale. La pensée de surface est issue du non-savoir et de la peur. Le savoir du cœur *est* la connaissance ; il est donc fort en confiance, même quand ce savoir semble être un état de non-savoir dans l'instant. Il est le savoir en dessous du non-savoir. Il est le savoir solide, celui de la connaissance. « Je suis amour et je suis dirigé par l'amour. Je ne sais pas pourquoi je fais ceci maintenant, mais je sais que cette action vient de l'amour parce que je suis amour et l'amour me dirige maintenant ».

La pensée de surface pourrait interpréter cette même action comme venant de la peur, mais tu peux facilement plonger sous la surface et voir que ton action du moment vient toujours de l'amour parce que c'est l'amour que tu es.

Question : Dis-moi comment faire, s'il Te plaît.

Réponse : Le premier pas est de s'écarter de la pensée (du mental). Comme tu l'as dit hier, le mental apprend les idées justes et s'en sert dans la peur pour fuir ses propres jugements. Tout cela c'est de la surface et c'est être pris en surface, pour que la réalité de la fondation soit rêvée, mais non connue. Nous ne voulons pas ramener la Réalité dans le rêve sous forme d'idée. Nous voulons nous établir en Elle en tant que connue, tout en faisant l'expérience du rêve.

Donc, le premier pas est de s'écarter de la pensée. C'est en te rappelant que tu le fais. Tu te rappelles que tu veux vraiment connaître le connu à présent. Tu veux le ressentir, pas le penser. Tu veux le connaître au-delà des mots qui vont et qui viennent dans le mental.

Une idée qui t'aidera à t'installer dans cette connaissance, c'est que tu désires t'installer dans la vérité de toi-même. Ne te mets pas à penser à cette idée. Ne te mets pas à penser à ce que la vérité de toi-même pourrait être. Sache seulement que c'est ce que tu veux, et ce sera fait. Tu le ressentiras ; tu le toucheras ; tu le sauras. Et quand tu ressentiras la certitude de l'amour que tu es, tu sauras aussi que penser à cette vérité n'est pas la même chose que connaître cette vérité. C'est pourquoi il te faut aller au-delà de penser jusqu'à l'expérience de connaître. Parce que penser ne peut pas se substituer à l'absolu qu'est connaître.

La connaissance devient plus évidente, quand tu désires *connaître* encore plus. Tu le fais en désirant sans penser, et en sachant que le penser que tu perçois n'est pas connaître, alors tu réorientes gentiment et facilement ton écoute de ce que la pensée dit vers ce que la connaissance connaît.

Quand vous vous regardez

Question : Comment ne pas avoir peur l'un de l'autre ?

Réponse : La question que vous posez est une bonne première question, et Je veux que vous approfondissiez davantage votre question afin d'y donner la réponse que vous recherchez, car votre question est en réalité plus profonde que les mots que vous avez utilisés.

Vous demandez : « Comment ne pas avoir peur l'un de l'autre ? » Mais, dans cette question, vous avez inclus l'idée de « l'un et de l'autre ». Bien sûr, là où il y a l'idée d'« autre », il y a peur, puisque l'« autre » n'est ni véridique ni naturel. Par conséquent, cette idée doit engendrer la peur.

Votre vraie question n'a rien à voir avec l'un ou l'autre, même si vous faites l'expérience de « l'un et de l'autre » et y projetez vos peurs et vos jugements. « L'un et l'autre » est en fait un non-sens, et c'est ce que vous savez et ce que vous voulez voir.

Donc, votre vraie question n'est pas « comment ne pas avoir peur l'un de l'autre ». Votre vraie question est « comment ne pas avoir peur ? ».

Voyez-vous à quel point cette question-là est bien meilleure ? Voyez-vous à quel point c'est véritablement la réponse que vous attendez tous les deux ensemble ? Ce n'est pas de l'un ou de l'autre que vous avez peur. C'est la peur elle-même qui semble être le problème. C'est la peur elle-même qui vous maintient paralysés et effrayés d'être vous-mêmes. Alors, plongeons ensemble sous la surface de votre apparente question et jetons un œil sur le contenu de ce que vous désirez vraiment savoir.

Comment cessons-nous d'écouter nos idées de peur ?

La peur est une addiction, ce que nous avons déjà vu. Une addiction n'est rien de plus qu'une habitude, comme Je vous l'ai déjà dit aussi. Toutes les habitudes demandent un certain effort pour changer, ce qui signifie que vous ne pouvez pas être paresseux si vous voulez changer une habitude. Cette paresse ne sert qu'à maintenir la peur. C'est la raison pour laquelle Je vous ai aussi dit que l'habitude d'avoir peur est une forme de paresse.

Dans votre domaine d'expérience, deux peuvent être mieux qu'un, et c'est pourquoi vous vous êtes rejoints. Vous vous êtes rejoints l'un l'autre parce que vous êtes conscients de cet avantage, et vous désirez cette aide que vous vous rendez disponible. Vous voulez ce partenariat. Vous ressentez ces mots profondément, parce que vous reconnaissez que c'est la voie que vous avez choisie ensemble.

Quand vous vous regardez, reconnaissez que vous vous êtes choisis, comme une aide précieuse pour atteindre votre désir le plus vrai, et ce « désir le plus vrai », c'est de lâcher la peur. Vous avez fait ce choix parce que vous savez que la peur est le seul véritable obstacle à l'amour, et donc *par-dessus tout*, vous voulez abandonner la peur. Par conséquent, puisque vous avez décidé qu'il en serait ainsi, vous allez vous débarrasser de toutes vos peurs à travers ce partenariat. Il sera utile de considérer cela comme déjà fait, même si vous semblez traverser l'expérience de ce lâcher-prise.

Quand vous vous regardez, vous pouvez vous rappeler que celui (ou celle) sur qui vos yeux se posent est votre symbole de la « non-peur », c'est-à-dire de l'amour. Vous pouvez vous rappeler que vous vous êtes choisis parce que vous désirez tous les deux la même chose. Vous pouvez vous rappeler que vous ne regardez pas celui qui veut vous condamner. Quand vos yeux regardent l'autre, c'est vous-même que vous regardez, donc c'est celui qui est le reflet de votre désir d'être libéré de la peur que vous regardez... celui qui désire cette liberté autant que vous. Et vous regardez celle (ou celui) qui est venue dans cette forme exacte afin de vous aider... afin de vous permettre de faire exactement ce que vous êtes venus faire. Vous regardez celui avec qui vous avez choisi de vous joindre pour abandonner vos peurs.

Alors, vous demandez « Comment lâcher nos idées de peur ? » Et Je vous réponds dans une joie complète quand Je vous dis :

En vous regardant l'un l'autre et en vous rappelant de votre objectif ensemble, vous faites tellement plus que vous ne l'imaginez dans le processus de lâcher toutes les idées de peur.

C'est votre première étape.

Comment faire
l'expérience du « non-amour »

Question : Saint-Esprit, y a-t-il quoi que ce soit que Tu voudrais bien nous dire ? Je m'ouvre complètement à toi.

Réponse : Ce sentiment de ne pas être aimé ou respecté est un sentiment qui provient d'idées ou de croyances dans ton propre esprit. Tu entretiens des idées sur comment l'amour et le respect doivent être, et donc quand un comportement ou une preuve ne coïncident pas avec ces idées ou définitions dans ton propre esprit, tu te sens abandonnée, déçue, vide, comme tu le partageais ce matin. Ce sentiment de vide, cependant, n'est rien d'autre qu'une expérience que tu as choisie, puisque l'amour ne peut être enlevé et le vent souffle toujours sous tes ailes.

Tu peux continuer à choisir cette expérience de vide si tu le désires, et Je vais te dire exactement comment faire. Continue à te dire : « Voilà de quoi l'amour a l'air. Voilà à quoi je sais que je suis respectée. Voilà la preuve extérieure que je dois voir. » Avec ces définitions, tu connaîtras des hauts où tu sentiras beaucoup de vent sous tes ailes, et tu connaîtras des bas dans lesquels tu auras l'impression que le vent t'a été complètement retiré. Bien sûr, les deux sont illusoires. Le vent qui porte véritablement tes ailes est constant et ne varie jamais. Il n'a ni hauts ni bas, mais il est une force pure. Il ne peut faiblir ou faire défaut. Quand tes yeux sont rivés sur la force pure, tu trouves l'amour et le respect qui ne meurent pas. Une fois que tu l'as trouvé, tu ne le recherches plus. Tu ne veux plus que le donner, car prendre ce que tu as trouvé, et *le donner, le donner*, c'est le flux, le courant et la force du vent qui maintient tes ailes fermes et imperturbables dans la joie.

Question : Comment garder nos yeux rivés sur cette force ?

Réponse : Tu dois prendre note des définitions de l'amour que tu trimbales dans ton esprit. Tout ce qui énonce que « L'amour ressemble à ça... » est faux. Tu dois avoir le désir de regarder ces définitions et de voir qu'elles sont fausses. Et davantage, vois que ces définitions de l'amour sont les idées mêmes qui créent l'expérience du non-amour. Quand tu te rendras compte que ces idées sont les pensées créatrices qui te fournissent l'expérience du non-amour, tu échangeras tes définitions et tes idées pour la brise solide et éternelle qui est la vérité. Elle est toujours avec toi.

Chercher son existence à l'extérieur

Saint-Esprit : Chercher à l'extérieur de toi est moins utile et donc plus nuisible que tu ne le réalises. Si tu regardes mes derniers messages, tu verras que c'est le message constant que Je te donne. Par peur, tu veux continuer à chercher à l'extérieur, car ce que tu as trouvé jusqu'à présent... tout ce que tu as trouvé et que tu pensais pointer vers l'existence d'un « toi »... tu l'as trouvé là-bas. Puisque là-bas est l'endroit principal de tes trouvailles dans ta perception, tu continues de chercher là-bas. Mais Je te dis que ce n'est pas ce qu'il y a de plus utile, et voilà pourquoi.

Le monde de l'extérieur est le monde du changement... le monde du rêve... le monde de « ce qui n'est pas ». Il est affecté par des énergies qui semblent aller et venir quand elles traversent un esprit unique qui paraît être multiple. Quand on reconnaît ces énergies comme insignifiantes, parce qu'on les voit à travers la vérité de ce qu'elles sont, *il y a* une constance que l'on peut voir partout. Mais si ces énergies n'ont pas encore été vues comme dénuées de sens, alors tout ce que l'on peut voir, quand on regarde l'extérieur, c'est le changement.

Si tu considères le changement et espères t'y voir, tu ne pourras qu'être déçu. Tu sais que ce que tu es est constant, et donc tu ne peux pas le trouver dans ce qui change. Par conséquent, aussi longtemps que tu te chercheras à l'extérieur de toi, tu auras sans cesse le sentiment d'être perdu.

Il est important de lâcher l'extérieur, et ceci, comme tu le sais, commence par ta bonne volonté. Remarque avant tout combien tu veux te trouver à l'extérieur. Et davantage que tu ne le vois à présent, aie le désir de noter chaque détail de cette recherche. Ne le fais pas pour te juger ou pour te trouver mauvais. Fais-le plutôt afin de devenir davantage conscient des efforts que tu fournis pour te trouver au seul endroit où tu ne te trouves pas... dans un rêve... dans un endroit d'irréalité. Quand tu verras clairement, et plus particulièrement avec le sourire, que tu as cherché là où tu ne trouveras pas où tu es, tu seras davantage prêt... davantage désireux... de te tourner uniquement vers l'intérieur, ce mot étant un meilleur symbole pour décrire l'endroit où tu te trouves.

La peur de ne pas exister

Question : Saint-Esprit, je perçois en moi une peur de pas exister, que je ressens différente de la peur de la mort. Pour moi, la peur de la mort est la peur de voir l'existence se terminer. Cette peur me semble différente. Elle paraît être la peur de ne pas exister maintenant, et elle semble être très liée au « regard des autres ». Y a-t-il quoi que ce soit que Tu voudrais bien nous dire sur cette peur de ne pas exister ?

Réponse : Demander à la métaphysique ou à l'éducation (à l'intellect) de répondre à toutes tes questions n'est pas utile. Ce n'est pas utile parce que la métaphysique n'est pas la vérité. La métaphysique est une expression d'idées dans la forme, et n'importe quelle expression d'idées dans la forme, peu importe son utilité, n'est pas la vérité. Comme Je te l'ai déjà dit, il n'y a pas de vérité dans le monde. Par ceci, Je veux dire que tout ce qui est exprimé dans la forme est au mieux un écho ou un reflet de la vérité, mais n'est pas la vérité elle-même.

On trouve la vérité dans le sans-forme et, bien que tu essaieras de la ramener dans la forme en tant que mots et idées pour la partager, ces mots et ces idées n'en sont qu'une expression, mais ne La sont pas Elle-même.

La peur de ne pas exister est la peur de la mort, sauf que la peur de la mort est une projection d'une peur actuelle dans le futur. Quand tu perçois la peur de ne pas exister, tu réalises que c'est une peur de l'instant dans l'esprit. La projeter comme possibilité de mort est une façon de ne pas reconnaître la force de cette peur maintenant.

Comme nous en avons parlé, cette peur te dirige bien plus que tu ne le sais. Tu essaies de te prouver à toi-même ton existence aux yeux des autres de différentes façons, car la voir là-bas te dit que tu existes. Le problème, c'est que c'est aussi une projection. Tu ne ressens pas réellement ton existence en la voyant dans les yeux des autres. Tu ne fais que recouvrir ta peur en te racontant à toi-même que la preuve de ton existence réside là-bas.

La seule façon de surmonter ta peur de ne pas exister est de Te connaître Toi-même. Aussi longtemps que tu ne te connaîtras pas Toi-même, tu continueras à avoir peur de ne pas exister. Entre en contact avec toi tel que tu es vraiment avec le désir de passer de la forme au sans-forme, car la vérité ne peut être trouvée que là où la forme n'est pas.

Pour entrer en contact avec le sans-forme, commence maintenant. Tourne tes yeux vers l'intérieur. Tu peux les tourner vers ta respiration si tu veux, mais tu dois aussi réaliser que la respiration fait encore partie des formes. Quand tu es en contact avec ta respiration, tu n'es pas en contact avec le sans-forme que tu es, mais tu t'es tourné dans la bonne direction et c'est un début. Quand tu es avec ta respiration et que tu t'es détendu grâce à elle, aie le désir d'aller plus en profondeur... plus profond, là où il n'y a pas de forme.

Le mental est une distraction du sans-forme, car le mental est une pure expression de la forme, mais le mental ne doit pas être considéré comme un obstacle au sans-forme. Tout ce qui est considéré comme un obstacle sera expérimenté en tant qu'obstacle, et l'expérience de l'obstacle t'empêchera de te rendre où tu veux aller.

Vois le mental comme étant utile... considère-le comme un outil... comme un ami. Fais-lui confiance pour t'entraîner vers le sans-forme, qui est en fait au-delà de toutes les formes.

Laisse tomber l'idée que tu ne peux faire l'expérience du sans-forme et de la forme simultanément. Tu fais ceci tout le temps, car à un certain niveau tu fais toujours l'expérience de toi-même. Souviens-toi de l'exemple de la poussière sur le meuble. Les pensées ou la forme sont la poussière. On n'a pas besoin de l'essuyer pour faire l'expérience du meuble, car le meuble est bien plus solide que la poussière. Tu peux faire l'expérience du meuble tout en touchant la poussière, mais ne te fixe pas sur la poussière, car ça va te déranger, et tu ne remarqueras pas le meuble.

Permets au mental de t'aider en le laissant te calmer. Laisse-lui te rappeler ton objectif. Sers-t'en pour te fixer sur le meuble. Alors, même quand il continuera à te présenter des pensées utiles, qui sont des formes, applique-toi, avec ton cœur et ton esprit, sur le sans-forme, qui est le meuble.

On ne peut décrire le sans-forme, mais on peut le connaître. On ne peut le ramener dans la forme, mais on peut l'exprimer. La vraie valeur dans le fait de toucher au sans-forme n'est pas de le partager. Autrement dit, la valeur n'est pas de le partager au niveau de la forme. La vraie valeur est de *le connaître*. Quand tu connais le sans-forme que tu es, tu ne peux plus être ébranlé par la forme qui est changeante. Tu ne peux plus être embêté par ce que tu n'es pas. Tu peux faire l'expérience du non-vrai et tu peux t'y mouvoir en tant qu'expression de la vérité, mais rien de cela ne peut enlever ou ajouter quoi que ce soit à ce que tu es. Quand tu connais ce que tu es, rien d'autre n'importe réellement. Et quand tu connais ce que tu es, tu vis dans le monde en tant qu'expression de la lumière, qui est en fait *la communication* d'une idée du sans-forme dans la forme. Cette communication ne peut pas transmettre l'expérience de la connaissance de Soi, mais elle habite l'expérience de la connaissance de Soi, de sorte que la possibilité de Se connaître est connue, même dans l'expression d'une forme. Ceci éveille l'esprit à lui-même en éclairant là où l'esprit regarde, même si l'esprit ne peut vraiment s'y trouver.

Question : Y a-t-il quelque chose que Tu voudrais nous dire pour nous aider Laurent et moi avec notre « nous » ?

Réponse : Se rappeler de la raison pour laquelle vous êtes ensemble, du but de votre relation, est... par-dessus tout... important pour la solidité du « nous ». Vous ferez face à des résistances ensemble aussi longtemps qu'il restera des résistances dans votre esprit, mais dès que vous vous souviendrez de votre but, vous ferez face à ces résistances *ensemble*. Rappelez-vous que c'est votre unité qui se dresse pour transcender les peurs. Ne laissez pas les résistances vous amener à vous retirer chacun de votre côté. Car là ce serait vos peurs que vous vivriez. Dans l'unité et le partenariat, vous les transcendez.

Vous tenir la main est un symbole puissant et très utile pour l'esprit, parce que, même quand des résistances sont là, vous savez que vous pouvez vous tenir la main. Et vous réalisez également qu'en vous tenant la main, vous savez que les résistances du moment, même si elles sont vécues sous la forme d'une peur ou d'une haine... vous savez que vous transcendez ces résistances *parce que* vous avez décidé de vous tenir la main.

Allez maintenant, et aimez-vous l'un l'autre comme Je vous aime. En vous aimant de Mon amour, vous choisissez vraiment d'aimer Qui vous êtes.

La profondeur que tu es

Question : Que voudrais-Tu nous dire ce matin ? Sois très précis, s'il Te plaît.

Réponse : Dis-Moi ce que tu ressens.

Question : Je ressens que je ne peux être moi-même parce que le monde me demande trop de choses. Je voudrais tout arrêter, m'enfuir, être toute seule et heureuse.

Je sens que l'ego est tout ce que je peux entendre. Il est très fort, et comme je sais qu'il n'est pas vraiment moi, je me sens aussi perdue. Je veux que mon vrai « moi » soit de retour. Je me sens vraiment « moi » quand je vis en pleine confiance avec un esprit clair et que mon cœur est ouvert. Pour le moment, ça n'est pas mon expérience, alors je suis triste, j'ai peur et suis en colère. J'attaque dans la haine. Je me sens emprisonnée.

Je viens aussi d'avoir cette merveilleuse expérience de déjà-vu, qui semble me dire que tout va bien se passer car je me suis redressée à présent.

Que voudrais-Tu partager ? J'ai besoin d'aide s'il te plaît ! (D'ailleurs, je réalise que le cri d'appel n'est pas si utile que ça. Je le sens. Alors, je mets ce cri de côté, en réalisant que les réponses viennent de moi, ce qui signifie que je n'ai pas besoin d'aide. Je suis l'aide. Je suis celui qui me réconforte).

Que partagerais-Tu ?

Réponse : T'ancrer est très important, et c'est ce que tu as fait en partageant tes sentiments. Quand tu partages avec toi-même ce que tu ressens, tu réponds toi-même par ce qui est vrai et ce qui n'est pas vrai. Quelque part en toi, et c'est davantage un sentiment ou une intuition que des mots, tu entends que ce que tu ressens n'est pas ce que tu ressens vraiment. Quelque chose en toi sait que les sensations à la surface, les peurs et les jugements de la surface ne sont pas ta vérité, et te dit qu'elles ne sont donc pas vraies. Tu te rends compte que tu écris ce que tu ressens et tu réalises en même temps d'un point éloigné de reconnaissance que ça n'est pas vrai.

Ce point éloigné de reconnaissance qui ne croit pas en la vérité de tes drames est ce que tu appelles Moi. C'est ton Saint-Esprit, pleinement et parfaitement conscient en toi. C'est la Voix de la Paix.

Il est très important d'écouter la Voix de la Paix en toi, et une chose que cette Voix te dit est que tes ressentis, tes sentiments ne sont pas vrais. C'est une déclaration à prendre de façon très littérale. Les sentiments que tu sembles ressentir et qui te font souffrir ne sont pas tes vrais sentiments. À un niveau en toi, qui est plus profond que les sentiments que tu ressens, ces sentiments ne sont pas là. Ils ne sont pas là parce qu'ils sont absents. Ils sont absents parce qu'ils ne sont pas réels, et donc ils n'existent pas dans ta profondeur.

Ta profondeur est l'endroit où tu résides, et donc, si tu veux te connaître à un niveau conscient, tu dois laisser ta conscience s'y rendre. Si tu restes en surface, pris en elle comme si elle était réelle, la surface sera ton expérience et tu te sentiras perdu. Mais si tu amènes ta conscience dans ta profondeur, la profondeur remontera à ta conscience et elle sera ton expérience, sans même que l'expérience de la forme n'ait à changer.

Je t'ai déjà dit que c'est une erreur de te focaliser sur ton besoin de guérir, parce que cela rend ton besoin de guérir réel. Te focaliser sur ton besoin de guérir, c'est rester à la surface, donc ton expérience en sera une de surface. Tu n'as pas besoin de guérir. L'esprit guéri existe en toi maintenant. L'esprit qui n'a jamais perdu sa paix et sa connaissance *est* à l'intérieur de toi maintenant. Tu ne peux avoir besoin de guérir quand la toute perfection fait partie de toi. Tu as seulement besoin de contacter cette partie et de savoir que cette partie-là est la seule réelle.

Je t'ai dit que le code zéro, c'est du code zéro, et qu'il n'y a rien d'autre à apprendre. Tout ce que tu dois réaliser est que ce qui est faux est faux, et le faux n'est pas toi. Si tu le lâches parce qu'il n'est pas vrai, il n'aura pas d'effets sur ton expérience. C'est parce que tu t'y accroches qu'il te paraît réel.

Nous avons parlé d'addiction récemment, et J'ai dit que toute addiction n'était qu'illusion. L'addiction est une illusion, car elle n'est pas ta vérité ; elle n'est pas la vérité de la profondeur de ce que tu es. Mais à la surface, qui n'est absolument pas vraie, l'addiction est une expérience par laquelle tu sembles souffrir. L'addiction n'est que ceci : une addiction, et tu restes en surface et fais l'expérience de la surface comme si c'était ta vérité. L'addiction disparaît dès l'instant où tu vas plus profond et plonges dans la profondeur de ce que tu es.

J'ai dit que l'addiction était une habitude. C'est l'habitude de vivre à la surface de la conscience. Par conséquent, il faut de la concentration pour aller en profondeur et vivre ta vie à partir de là. Cependant, cette concentration peut, elle aussi, devenir une habitude, jusqu'à ce que vivre depuis ta profondeur devienne une réaction naturelle à toutes circonstances de forme.

Je t'ai dit que chercher en dehors de toi est plus douloureux que tu ne le réalises. Ceci parce que tu ne t'y trouveras jamais. Tu es ce qui est ta profondeur, et tu ne pourras pas la trouver à l'extérieur. Rester focalisé sur l'extérieur, c'est rester à la surface, et tu confondras l'expérience de surface avec toi-même. Tu te sentiras perdu.

N'essaie pas d'amener la surface à l'intérieur de toi pour te guérir. Tu ne pourras jamais trouver de réponses ainsi. Va à l'intérieur. Rentre en contact avec toi-même, puis ramène cela à la surface. C'est la chose la plus utile que tu puisses faire.

Question : Comment notre relation est-elle utile à ce processus ?

Réponse : Votre relation n'est pas ancrée à l'extérieur. Votre relation est ancrée à l'intérieur... très très profondément à l'intérieur. Votre objectif commun est de vous tenir la main et de toucher cette ancre. Quand vous touchez cette ancre, vous le savez. Les problèmes de surface s'éteignent ou disparaissent. Ensemble, vous devez plonger vers cette ancre. Devenez cette ancre. Existez dans et en tant que cette ancre. Quand vous vous tenez la main, regardez et parlez depuis cette ancre, alors le sentiment de séparation disparaît totalement.

La clé ici est ce qui sait en vous. C'est un endroit très fort et solide en vous. N'allez que vers ça, sachant que c'est bien là. N'allez qu'à l'intérieur. N'allez pas vers l'extérieur. Lisez mes messages encore et encore sans rien y ajouter. Lisez-les encore et voyez comme Je vous demande clairement d'aller en vous, car vous allez vous y trouver. Une fois que vous vivrez à partir de vous-mêmes, plus rien ne sera un problème.

Pour le libérer, tu dois l'aimer

Question : Je vois beaucoup d'ego dans mon esprit, dans mes pensées, puis je ressens diverses émotions comme la tristesse, le désespoir, la haine, la rancœur et la peur. Je vis aussi des moments de clarté, de joie, et un sentiment général qui me dit que « tout est parfait ». Il me semble aussi que des guidances nouvelles et étonnantes arrivent rapidement, et je me sens très heureuse de faire ces nouveaux pas. Il me semble que j'alterne entre l'esprit de confiance et l'esprit de peur, et je m'aperçois que le sentiment qui accompagne l'esprit de peur est un emprisonnement, alors que celui qui accompagne l'esprit de confiance est ouverture totale. Il me semble aussi que je ne peux pas contrôler le va-et-vient à présent, alors il me semble vivre des périodes où je sens que je peux respirer, suivies par des périodes où je sens que je ne peux plus respirer. Quand je suis dans l'esprit de confiance, cela me paraît naturel. Mais quand je suis dans l'esprit de peur, cela aussi me semble très réel ; d'où ce sentiment d'emprisonnement.

Je ressens que la peur et la confiance sont en même temps dans mon esprit maintenant, ce qui explique aussi ces va-et-vient incroyables. Que voudrais-Tu nous en dire à présent ?

Réponse : Regarder l'esprit est la clé. Tu éprouves une grande peur à regarder l'esprit, parce qu'il y a ce jugement en toi que l'esprit est mauvais, ou intrinsèquement indigne. Tu ressens ces derniers temps de la culpabilité à imaginer des mauvaises choses ou à créer ta propre misère en regardant d'une perspective égoïste (ou séparée). Et quand tu vois ces réalisations dans ton esprit, alors tu veux te sentir mieux parce que tu crois que se sentir mieux, c'est mieux (ou digne). Ce que tu as vraiment besoin de faire ici, c'est d'observer ce jugement de « bien ou mal », et réaliser que ce jugement condamne la liberté, ce qui revient à condamner le Fils de Dieu.

Je te recommande à présent d'y aller lentement. La lenteur, tout en observant, est un moyen paisible de vivre ces fluctuations, et ces fluctuations doivent être vues. Tu ne peux pas nier ce qui est dans ton esprit, et c'est la raison pour laquelle tu dois te détendre et en faire l'expérience. Aussi longtemps que tu le nieras, ce sera là, et cela persistera sous une forme ou une autre jusqu'à ce que ce soit embrassé et accepté. Pour lâcher ces choses, tu dois les aimer, et tu les aimeras en les laissant être exactement ce qu'elles sont. Tu ne les aimes pas en demandant qu'elles soient différentes. Tu les aimes en les laissant être ce qu'elles sont.

Tu reçois et captes intuitivement Ma guidance quand tu choisis ce processus. Tu as raison de réaliser qu'il faut laisser aller les pensées tout en décidant de rester avec les émotions. Continuer à croire aux pensées continues de recréer les expériences. Laisser aller les pensées tout en restant avec l'expérience, c'est accepter ou embrasser ce qui a déjà été créé. On peut aussi qualifier cela d'abandon à l'instant, mais tu ne t'abandonnes vraiment à l'instant que quand tu le laisses être exactement ce qu'il est, sans désirer qu'il soit différent. (On a déjà parlé de ça. Tu peux revoir ce message si cela t'est utile, mais davantage que les mots, Je veux que tu ressentes l'énergie de ce message. L'énergie communique à l'esprit d'une façon qui est impossible pour les mots. Aie le désir de ne pas comprendre intellectuellement, et fais confiance à ton ressenti ou à ton intuition qui sait quoi faire. Plus tu fais confiance à ton ressenti « sans forme », plus tu es en contact avec la guidance qui vient doucement de Moi.)

Attends, sois patiente en traversant cette période, et continue de faire confiance à toutes choses, y compris le temps que tu passes à faire l'expérience de l'esprit qui a pour fondement la peur.

Aimer l'enfant en soi

Question : Saint-Esprit, notre vrai désir est clair et nous percevons plus clairement nos défis. La tentation de nous séparer est forte, car nous semblons chacun faire face à nos plus grandes peurs. Notre expérience paraît à présent être très, très difficile. De quoi voudrais-Tu nous faire part à ce sujet ?

Réponse : Plus vous faites de choses ensemble, mieux c'est. Chacun a besoin de son propre espace, de ses propres moments de silence, mais maintenant vous avez aussi besoin de passer plus de temps ensemble. Considérez le temps que vous passez ensemble comme la construction d'une base. Puisque votre relation est la base que vous avez choisie pour vous aider à vous éveiller, alors construire cette base (ou construire votre relation) est important. Soyez ensemble de différentes façons. Priez ensemble, jouez ensemble, lisez ensemble, partagez vos travaux ensemble...

Vous n'avez pas à vous forcer à être ensemble plus que vous ne le désirez, mais si vous regardez en vous, vous verrez que vous désirez être ensemble bien plus que vous ne l'êtes, parce que vous désirez tous les deux le renforcement de cette base.

Question : Ahhhhhh ! J'ai beaucoup de mal à poser la question qui suit. C'est difficile parce qu'il y a tellement de jugement et tant de peur dans mon esprit. Je juge cette question et je me juge aussi en tant que scribe. J'ai une énorme peur de n'écrire que ce que je voudrais entendre. Cette peur est si grande qu'elle me donne envie de jeter mon stylo, de courir et de m'enfuir. Je la sens dans ma poitrine.

Avant de continuer, de quoi voudrais-Tu nous faire part à ce sujet ?

Réponse : La scribe crée son aptitude à écrire. C'est une création dans le sens où elle prend le sans-forme et l'exprime dans la forme. (De cette façon, Je n'utilise pas le terme « création » comme le fait « *Un Cours en Miracles* ». J'utilise « création » comme pour un artiste.)

Un artiste crée ses peintures, ses sculptures ou bien ses merveilleuses œuvres musicales, mais tout grand artiste te dira aussi que l'œuvre naît par son intermédiaire. Il l'a créée et à la fois ne l'a pas créée. Il a créé l'œuvre d'art en lui permettant de naître à travers lui sous une forme particulière.

La scribe le fait aussi. En étant scribe, elle laisse naître le sans-forme dans la forme, sous une expression particulière.

Comme la scribe est partenaire, ou co-créatrice dans la naissance de ce qui pourrait être considéré comme « des mots sacrés », il se peut aussi qu'elle ressente de la culpabilité ou de la peur à propos de ces mots. Parfois, elle peut avoir peur que ce soit son ego qui les lui dicte. Elle redoute peut-être de ne pas être assez ouverte ou de ne pas écouter assez profondément. Elle a peut-être même la crainte d'avoir inventé complètement cette expérience de scribe et qu'il n'y a pas là de co-création avec quoi que ce soit de divin. Cette dernière peur est certainement la plus forte chez bon nombre de gens qui sont scribes.

La meilleure chose qu'une scribe puisse faire, c'est de s'ouvrir au flux de mots qui surgit à travers elle. Elle peut ressentir ce flux quand il arrive à une vitesse conséquente, sans interruption. Aie confiance en ce flux qui s'écoule sans cesse comme une rivière qui descend. C'est différent de la pensée, qui elle est décousue, imprécise, et semble provenir de toutes parts. C'est un flux constant qui semble provenir d'une source régulière. Aussi longtemps que les mots viennent de ce flux, écris-les comme tu les entends.

La question que tu vas poser t'effraie, car c'est une question qui concerne la plus grande peur que tu as. Tu crains que ta peur soit un empêchement à M'entendre, ou bien tu crains que ce soit ton ego qui réponde. Tu redoutes aussi, puisque tu crains qu'être scribe soit une création humaine plutôt qu'une co-création avec le divin... tu redoutes aussi que le fait de poser cette question te révèle en tant qu'imposteur. Tu entretiens cette peur depuis bien longtemps, et elle revient souvent avec tes questions. Il est temps de regarder maintenant ta plus grande peur, car c'est cette peur qui te fait le plus souffrir.

Je comprends que faire face à tes doutes te soit difficile, mais seulement parce que tu crains que tes doutes soient réels. En leur faisant face, tu apprendras qu'ils ne le sont pas. Avec bonne volonté et quand tu es prête, avec le désir pur de faire ce pas, pose la question que tu redoutes de poser à présent.

Question : Saint-Esprit, la question porte sur Ho'opono-pono. J'ai l'impression d'avoir trois questions à ce sujet :

Ne s'agit-il pas d'une pratique qui voit un problème sur l'écran au lieu de tout accueillir maintenant comme étant parfait ? Est-ce qu'elle n'oublie pas le libre arbitre du Fils de Dieu ? Je veux dire, ne semble-t-elle pas *ne pas* admettre les peines et les maladies, alors même que celles-ci ont été choisies ? Et si nous regardons l'écran en y recherchant un changement dans les effets, n'allons-nous pas être déçus et ainsi nous perdre sur cet écran ?

Réponse : Eckhart Tolle voit lui aussi un problème sur l'écran. *(Régina lisait et appréciait son livre à ce moment-là).* Jésus, qui semble vous parvenir de différentes façons, voit lui aussi des problèmes sur l'écran. Tous les grands guérisseurs voient des problèmes sur l'écran et veulent les réparer, pas parce qu'ils croient qu'ils sont réels, mais parce qu'ils savent que tu le crois. Un bon exemple, c'est l'exemple du parent qui aide un enfant. L'enfant peut avoir peur de monstres qui se trouvent sous son lit ou bien dans son armoire. Le parent sait qu'il n'y a rien à craindre. Mais le parent peut très bien avoir recours à la magie ; il peut parler aux monstres et les convaincre de quitter les lieux, puis montrer à l'enfant qu'ils sont partis. Il fait cela pour s'adresser à l'enfant d'une façon qui va engendrer un moment de « non-peur ». Il sait que les peurs de l'enfant risquent de revenir le lendemain ; il sait que ce dont l'enfant a peur n'est pas réel ; et il sait aussi qu'un jour viendra où l'enfant aura grandi et se sera défait de ses peurs. Pourtant, il fait ce qu'il fait dans l'instant pour redonner la paix à l'enfant afin de lui être vraiment utile.

C'est ce que fait un guérisseur. Il réduit la peur par bonne volonté et désir que la peur se réduise, afin de donner du repos et une plus grande occasion d'éveil. Ignorer des peurs qui semblent bien réelles n'est pas utile. Ça ne fait qu'engendrer davantage de peur. S'adresser à ces peurs avec amour tout en sachant qu'elles ne sont pas réelles est une façon douce et aimante d'aider l'esprit à s'éveiller. Mais pour le faire, encore faut-il pouvoir voir les peurs. Les voir et les croire, ce n'est pas la même chose. On ne peut jamais guérir les peurs si on les croit réelles.

Si tu regardes l'écran et y cherches des effets, des résultats, et si tu crois que la peur est réelle, tu feras l'expérience de grandes peines quand il ne semblera pas y avoir de changement des effets. Si tu regardes l'écran et que tu t'attends à des changements d'effets, tout en ne croyant pas que tout cela soit réel, tu n'éprouveras pas la même peine. Tu continueras cependant à te sentir appelé à être utile. Aussi longtemps que la peur se représentera sur l'écran de l'esprit, ceux qui comprennent que l'esprit rêve feront ce qu'ils sont appelés à faire pour aider l'esprit à s'éveiller.

Question : Et à propos de nous, de Laurent et moi ?

Réponse : Vous éprouvez beaucoup de peurs et vous ne réalisez pas encore que vos peurs ne sont pas réelles. Cependant, vous êtes prêts à grandir, et à passer de l'enfant à l'adulte en laissant tomber vos peurs imaginaires. Une fois de plus, c'est la raison pour laquelle vous vous êtes rejoints.

Lorsque vous vous sentez prêts à regarder vos peurs et les laisser partir, il n'est plus utile de dépendre entièrement de la magie. Une certaine magie pourra encore vous être utile pour un temps, mais ce qui vous est le plus utile, c'est d'apprendre que vos peurs ne sont pas réelles. De la même façon, il n'est pas utile de vous cacher de vos peurs en les évitant.

Parlez ensemble de vos peurs sans vous le reprocher. Ayez le désir de voir comment vous maintenez vos peurs, et ayez le désir de changer vos habitudes pour comprendre que les peurs ne sont pas réelles. Soyez aussi patients avec vous-même et mutuellement. Traitez l'autre comme un parent aimant traiterait un enfant qui a peur. Soyez doux en traitant vos peurs, en réalisant que l'enfant en vous redoute encore qu'elles soient réelles.

Question : Comment les peurs guérissent-elles ?

Réponse : En ayant la bonne volonté de les regarder,

d'y faire face, et de voir qu'elles ne sont pas réelles. Un beau jour, quand l'enfant est prêt, il doit regarder sous son lit afin d'apprendre qu'il n'y a pas de monstres qui habitent en dessous.

La compréhension consciente, c'est voir

Note de Regina (juste avant de prendre ce message,
j'ai eu cette clarté) :
    Je Suis = Existence
    Ego = une expérience différente de Je Suis

Par conséquent,
    Ego = Je ne Suis pas Existence

En ayant cette croyance sous-jacente,
l'ego ne peut s'empêcher d'avoir peur.

Question : Bonjour Saint-Esprit. Parle-moi davantage de la peur de ne pas exister. Je sens que je touche le bord d'une précieuse clarté, mais je souhaiterais t'en parler pour que cette clarté devienne plus présente au niveau conscient.

Réponse : Tu commences à voir que lier ton identité à l'ego est une décision qui engendre nécessairement de la peur et de la souffrance. Et tu ne pourras jamais être complètement libéré de la peur et de la souffrance aussi longtemps que ton identité y sera liée. Car il y aura toujours une idée qui menacera l'idée de ton existence, et tu te sentiras toujours poussé à y réagir.

Question : Je vois à présent à quel point ce que Tu dis est vrai. Je peux ressentir une panique totale à l'idée de certaines menaces. Je ressens une haine orientée contre les autres. Il me semble que la haine et la peur sont les deux réponses primaires à cette peur, même si ces deux réponses peuvent être anesthésiées au point que l'on peut à peine les reconnaître.

Réponse : C'est vrai que découvrir l'ego peut souvent avoir pour résultat de ressentir des sentiments très bruts qui n'ont pas été ressentis auparavant, et certaines personnes ont toujours ressenti ces fortes émotions, mais seules les raisons de ces émotions étaient recouvertes. Elles ressentent intensément de la peur et de la haine, mais la raison de ces émotions est toujours « là-bas », au-dehors. Tu découvres l'ego quand tu entres en contact avec ces émotions fortes et que tu vois les idées qui produisent les effets que sont ces émotions.

Question : D'accord. Alors, on doit regarder la cause et l'effet en même temps avant de dire que nous voyons vraiment l'ego. Jusque-là, il restera caché.

Réponse : L'ego se cache de façon très créative, donc tu dois avoir une très grande bonne volonté de le voir si tu veux voir toutes les façons par lesquelles tu te pièges.

Les études métaphysiques sont utiles, mais le but principal de ces études est d'amener ta bonne volonté à correspondre à ton vrai désir, en utilisant l'outil qu'est la compréhension intellectuelle. Mais ce travail ne peut être accompli si tu restes au niveau de l'intellect. Tu dois mettre de côté le désir de contrôler intellectuellement et éprouver le désir de comprendre par la conscience.

La compréhension consciente, c'est voir. C'est faire l'expérience pour soi-même. Tu peux avoir une compréhension consciente sans avoir recours à la compréhension intellectuelle, et ce sera une compréhension pure. Mais si tu comprends intellectuellement sans compréhension consciente, tu ne comprends rien du tout.

Tu dois voir ce que tu fais, et tu ne peux le voir que quand tu désires vraiment voir. La compréhension intellectuelle n'est pas du tout requise, mais elle peut être très utile pour accroître ton désir.

Question : D'accord. Et je vois que, pour voir, le plus grand obstacle est la peur.

Réponse : Oui, et la peur vient de ce que tu te condamnes d'être en tort et d'être mauvais.

Question : D'accord. Eh bien, comme Tu le sais, je semble traverser des périodes où je suis très consciente des peurs et d'autres périodes où nous en sommes moins conscients. En ce moment je suis plus consciente, et c'est très difficile. Que nous recommanderais-Tu à moi et à mon partenaire ?

Réponse : Souvenez-vous que votre but est de voir. Concentrez-vous sur l'idée que *vous voulez voir*, et cela vous aidera à surmonter le désir de ne pas voir. Soyez désireux d'être lents et patients. Vous pouvez être clairement focalisés sans être pour autant dans une recherche frénétique. N'oubliez pas de vous détendre et de respirer, même quand vous êtes submergés par les émotions qui sont les effets de la croyance en l'illusion.

Parfois vous semblez complètement perdus. Quand c'est le cas, détendez-vous et attendez, c'est tout. Détendez-vous et attendez le temps qu'il faut, et évitez d'agir ou de prendre des décisions à partir de là.

Quand vous vous sentirez en paix et certains de la clarté, agissez et mettez-vous en mouvement à partir de là.

Quand vous êtes perdus dans la confusion, vous n'êtes pas clairs. À ce moment-là, n'écoutez pas l'esprit.

Quand vous êtes clairs, faites confiance à ce que vous savez. Ne doutez pas quand vous savez.

Question : Tu nous as demandé d'entrer en contact avec notre vrai Soi, mais je trouve cela bien difficile à faire quand la peur est grande.

Réponse : Quand vous entendez « Repose-toi et attends », vous entendez la Voix de la Paix et vous êtes en contact. Alors, restez concentrés sur le « Repose-toi et attends », et laissez tout le reste être, simplement. Restez lents. Dans la lenteur, vous entendez la tranquillité, parce que l'intention est alignée.

Question : Autre chose ?

Réponse : Je vous donne tout. Restez focalisés sur le désir de voir. Restez lents. Restez calmes. Tenez-vous la main et aimez-vous. L'ego a mis en place de grandes défenses que vous ne voyez pas encore, mais par votre bonne volonté et l'aide d'une relation forte et aimante, vous verrez.

Question : Le partenariat n'est pas nécessaire, n'est-ce pas ?

Réponse : Ce partenariat a le potentiel d'être très, très utile si vous choisissez tous les deux de le voir ainsi. Ne sous-estimez pas l'aide précieuse que vous vous apportez l'un à l'autre. Ne laissez pas l'esprit vous dire qu'arrêter est un meilleur choix. La partie de l'esprit qui désire arrêter est la peur. La partie de l'esprit qui juge et hait est aussi la peur. Apprenez à ne pas écouter la peur, et vous connaîtrez plus facilement la guidance non aveugle du cœur.

Découvrir ensemble la guidance

Question : Bonjour Saint-Esprit. Je me demandais si tu allais nous parler de discernement. Comment fait-on la différence entre l'intuition et la peur ?

Réponse : La meilleure réponse à cette question est que la peur naît de la peur. Si vous ressentez une guidance particulière, et que vous ne ressentez ni peur ni jugement à ce moment-là, cette guidance-là vient de votre intuition. Cependant, si vous jugez cette guidance, vous ressentirez alors de la peur. Mais la peur ne vient pas de la guidance. Elle vient du jugement que vous en faites.

Question : Se peut-il que les couples ressentent des guidances opposées ? Ceci ne résulte-t-il pas en un conflit ? N'y a-t-il pas en moi un désir de considérer ma seule guidance comme juste, ce qui signifie que je considère la guidance de l'autre comme incorrecte ?

Réponse : Il est peu probable qu'une vraie guidance intuitive puisse entrer en conflit avec une autre vraie guidance intuitive, puisque l'intuition provient de la même source de guidance. Quand il semble y avoir un conflit entre deux guidances, il est évident que la peur y est entrée, ou qu'une interprétation additionnelle a été ajoutée à la guidance intuitive de départ. Ça n'est pas le moment de s'asseoir pour déterminer qui a raison ou tort. C'est le moment de s'asseoir pour découvrir ensemble la guidance intuitive qui vous convient à tous deux. Nous ne parlons pas ici de compromis, ni de gagner ou de perdre. Nous parlons de découvrir ensemble en tant qu'un.

Question : Il me semble que c'est ce que Laurent et moi avons fait hier. Nous avons appelé cela « trouver notre espace ensemble ». Que pourrais-Tu nous dire au sujet du procédé que nous avons utilisé ?

Réponse : Il fut en effet excellent. Il y avait beaucoup de peur dans votre discussion, mais ce que vous avez choisi de faire et qui était très important a été de ne pas condamner vos peurs. Vous vous êtes mis d'accord pour reconnaître vos peurs, puis pour vous autoriser à les éprouver sur le moment. Vous vous êtes aussi rappelé que lâcher la peur était le vrai but, et vous avez aussi imaginé comment votre « espace » pourrait changer une fois la peur disparue. Il était important de faire ces pas. Bravo pour votre conversation.

Question : Y a-t-il quelque chose que nous aurions pu mieux faire ?

Réponse : Il y a toujours quelque chose que l'on peut mieux faire, mais le « mieux » arrive une fois qu'on s'est préparé à le recevoir. Une meilleure question serait : « Comment pouvons-nous nous préparer à mieux travailler ensemble ? »

La réponse, évidemment, c'est la bonne volonté. Vous devez vouloir continuer à trouver votre espace ensemble, davantage que chacun sa propre façon. Aussi longtemps qu'il y aura « ma façon » et « ta façon », il y aura séparation. « Notre façon » pourrait être une meilleure façon, aussi longtemps que « notre façon » ne devient pas différente de « leur façon ». Les couples forment des relations de guérison utiles quand ils sont un symbole d'unité, mais s'ils deviennent une institution, ils deviennent une forme qui engendrera encore une perception de séparation.

Question : Y a-t-il autre chose que Tu voudrais dire à propos du discernement entre l'intuition et la peur ?

Réponse : Le discernement devient plus clair quand tu désires le discernement plus que tu ne désires avoir raison ou faire à ta manière. Tu remarqueras peut-être une peur à l'idée de lâcher ta façon de faire ou d'avoir raison. Ça n'est que la peur qu'a l'ego de cesser d'exister. Ne laisse pas ceci t'importuner, mais remarque-le. Tu ne lâcheras pas l'ego avant d'être prêt. Tu ne peux rien faire d'autre que d'avancer à ton propre rythme. Il n'y a rien à craindre. L'ego te dit que tu vas mourir, mais ça n'est pas vrai. Apprends à reconnaître la vraie cause de la souffrance, ce qui revient à apprendre la différence qu'il y a entre ce que tu veux et ce que tu ne veux pas. Mais jusqu'à ce que tu l'apprennes complètement, tu garderas l'idée d'ego parce que tu crois que tu la veux. Or il ne peut vraiment mourir, parce qu'il ne vit pas vraiment. C'est une idée qui se maintient, car on lui accorde de la valeur, mais quand tu ne lui accorderas plus de valeur, tu choisiras de traverser la peur et de la lâcher.

C'est ce que tu fais à présent. Sois doux avec toi-même dans ce processus, et sois conscient que tu traverses la peur. Être doux et gentil avec soi comprend l'idée de ne pas aller plus vite que ce que tu sens pouvoir supporter, mais cela comprend aussi l'idée de ne rien éviter quand tu es prêt à regarder et à lâcher tes peurs. Connais-Toi toi-même et écoute ta guidance intuitive. Sans peur, elle te guide parfaitement selon ton désir d'être guidé à cet instant.

Ton premier mantra

Question : Bonjour Saint-Esprit. Ce que je voudrais maintenant, c'est un conseil spécifique pour lâcher le moi. Je suis prêt à faire ce pas.

Réponse : Merveilleux. Réalise que lâcher le moi est une décision qui se prend un moment après l'autre, à chaque instant. À chaque instant, tu dois ne vouloir être que Moi. Mais à l'instant où tu voudras l'expérience d'autre chose... d'un moi... ce sera une fois encore ton expérience. Accepter qu'il s'agisse toujours de ton choix est un premier pas qui est très important. Si, dans n'importe quelle situation, tu choisis d'oublier que tu as le choix, tu feras encore une fois l'expérience d'être une victime, parce que tu auras encore une fois choisi cette expérience, par ton choix d'oublier.

Question : D'accord. Je saisis. C'est toujours mon choix, et il n'y a pas une seule circonstance dans laquelle ce n'est pas mon choix.

Réponse : Les mantras peuvent être très utiles pour un temps. Ils permettent à ton mental de rester centré sur ton vrai désir, pour qu'il ne puisse se perdre et se concentrer sur autre chose. C'est ce qu'on appelle l'entraînement de l'esprit. Entraîner son esprit, ce n'est rien de plus que se rappeler qui est le patron. Ton désir est ce qui dirige. Le mental est ce qui doit écouter. Puisque tu as vraiment oublié cette loi de cause à effet, un entraînement intense de ton esprit te sera utile, en replaçant l'ordre juste des choses dans la conscience de ton expérience.

Question : D'accord. Je suis prêt.

Réponse : Ton mantra est une phrase silencieuse, et les mots ne sont pas du tout importants en eux-mêmes. Ce qui importe, c'est la mémoire vibratoire qu'ils évoquent.

Question : D'accord. Quoi d'autre ?

Réponse : Le premier mantra que tu vas utiliser est « *Je Suis Ce Que Je Suis* ». Ce mantra est un rappel, pour l'esprit, que tu existes. Tu existes dans toutes les situations et tout le temps, et jamais la vérité de ton existence n'est menacée. Avec cette mémoire ancrée fermement, tu remarqueras rapidement l'idée que tu n'existes pas quand elle remontera à la surface sous la forme d'une peur dans une situation quelconque. Dès que tu remarques cette peur... et toutes les peurs sont cette peur..., répète ton mantra rapidement *avec ferveur*. Ton mantra t'est donné comme un rappel de ce qui est vrai et ce qui est faux. N'importe quelle autre instruction qui devra t'être donnée dans l'instant te sera accordée, dès que le niveau vibratoire reviendra au niveau de ton mantra. Tout ce que tu dois faire, c'est revenir avec ferveur et bonne volonté à ton mantra dès que tu te sens menacé par la peur.

Réalise aussi que le mantra n'est pas une protection contre la peur dans une situation spécifique dans la forme. C'est un ajustement vibratoire, qui te rappelle ce qui est vrai. En te souvenant de la vérité, tu reconnais aussi ce qui est faux.

Question : D'accord. J'aime ces très simples instructions. Nous dirais-Tu autre chose ?

Réponse : Ne tarde pas. N'attends pas pour commencer. Commence ta pratique dès maintenant.

Tu es à présent
un étudiant du ressenti

Question : S'il Te plaît, dis-nous ce que Tu veux nous dire.

Réponse : Il est temps que vous appreniez à faire la différence entre la peur et la guidance intuitive. Vous ferez des erreurs pendant un temps, parce que vous faites encore confiance à la peur et vous vous attendez à ce qu'elle vous protège. Ça n'est pas un problème. Vous ne pouvez pas faire d'erreur critique. Quand vous remarquez que vous avez écouté une peur, dites-vous simplement ceci : « D'accord. Je vois que j'ai écouté la peur à ce moment-là ». Pardonnez-vous immédiatement, et laissez-Moi être votre GPS. Laissez-Moi recalculer votre route, basée sur là où vous vous trouvez à présent. Je ferai toujours cela, et si vous faites toujours confiance au présent sans vouloir retourner dans le passé pour le corriger, nous pourrons avancer ensemble dans la même direction très rapidement. Si vous souhaitez vous retourner et corriger le passé, Je vous attendrai. Et quand vous serez prêts à Me rejoindre, nous avancerons ensemble à nouveau.

Laissez tomber le passé. Une fois que J'ai recalculé la route, laissez complètement tomber le passé, et joignez-vous à Moi sur la route à présent recalculée.

Question : « Je Suis ce que Je Suis » (Régina répète son mantra).

D'accord. Je viens de prendre un moment pour lâcher la croyance que j'aurais pu faire une erreur en ne T'écoutant pas. J'ai vu la culpabilité dans mon esprit, ainsi que la croyance que je pouvais mal faire. J'ai aussi vu à quel point cette croyance n'était qu'un obstacle à T'écouter dans l'instant. Rien de plus. J'ai répété mon mantra pour clarifier mon niveau vibratoire passé. Je suis prête à avancer en T'écoutant maintenant.

Réponse : En M'écoutant plus attentivement... en t'ajustant à Mon niveau vibratoire de façon plus régulière... tu recevras de plus en plus d'instructions qui seront vraiment bizarres pour le mental ou le petit moi. Si tu essaies de concilier ces instructions avec le petit moi avant d'avancer, tu resteras sur place, parce que le petit moi ne peut pas s'associer avec les instructions que Je te donnerai. Je te conduis loin du petit moi.

C'est aussi pourquoi tu feras des erreurs quelquefois. Il y aura des moments où tu n'écouteras pas Mes instructions parce qu'elles seront bizarres pour le petit moi. Et il n'y a rien de mal à ça. Rappelle-toi que tu ne peux pas commettre d'erreur critique, abandonne le passé, et avance en M'écoutant dans l'instant présent. Je peux toujours recalculer la route.

Tes frères sont un avec toi. Si Je donne une instruction qui demande à ton frère d'écouter et s'il choisit plutôt d'écouter la voix de son petit moi, il n'y a pas non plus de mal à ça. Il ne peut lui non plus commettre d'erreur critique. Lâche toujours le passé et laisse-Moi recalculer la route dans l'instant. J'avance toujours dans la bonne direction. Je ne peux être confus quant à notre destination, donc tu peux toujours Me faire confiance et M'écouter dans l'instant présent. Je ne suis jamais perdu. Aucune décision basée sur la peur ne peut Me déranger. Je vois toujours clairement là où nous voulons aller ; Je vois l'arrivée, le but, de n'importe quelles positions sur la route.

Ce que tu veux vraiment apprendre à présent, c'est la différence de ressenti qu'il y a entre la guidance qui vient du petit moi, qui provient de la peur, et Ma guidance, qui ne vient pas de la peur. Tu remarqueras qu'il n'y a pas de peur dans Ma guidance, même si les instructions paraissent complètement bizarres pour le petit moi. Si tu permets aux commentaires du petit moi de s'immiscer dans Ma guidance, la peur s'y attachera, mais ne perds pas de vue le fait que cette guidance bizarre t'est venue d'abord sans que tu aies peur.

À mesure que tu t'ajustes de mieux en mieux à la vibration de non-peur qui accompagne Ma guidance, il te sera de plus en plus facile de lui faire confiance, même si le petit moi peut ne pas être d'accord. Et le petit moi ne pourra pas être d'accord, puisque Je te conduis loin de la croyance que tu es ce petit moi. Si Je te conduisais à faire ce que le petit moi voulait, Je t'enseignerais de maintenir la croyance que tu es ce moi. Je t'enseigne que *ce moi n'est pas ce que tu es*, mais Je te l'enseigne à travers la vibration de non-peur.

Dès que la peur surgit, c'est que tu écoutes la voix du petit moi. C'est toujours le cas. Il n'y a pas de peur quand tu n'écoutes que Moi. Il se peut que tu aies clairement entendu Mes paroles, mais ce sont les commentaires du petit moi qui y ont ajouté un ressenti de peur. Par conséquent, tu dois apprendre que *tu ne peux pas* faire confiance au ressenti de peur. Dès que tu fais confiance à ce ressenti de peur, tu fais confiance à la voix du petit moi. Quand tu fais confiance à la non-peur, tu Me fais confiance, car il n'y a pas de peur en Moi. Je ne suis pas la peur. Connais-Moi dans la vibration de non-peur.

N'écoute pas la peur en l'appelant guidance. En faisant confiance à la peur comme si elle était guidance, tu ne t'enseignes pas à M'écouter. Considère la peur comme une mauvaise vibration... pas par jugement contre toi, mais comme une évidence que tu n'es pas aligné. Utilise la méthode que Je t'ai donnée, qui est le mantra que Je t'ai donné. Utilise cette méthode et reconnais que tu ne t'es pas laissé aller à écouter la peur. Dès que ton niveau vibratoire se sera relevé au niveau de la non-peur, fais ce que tu entends de faire. L'instruction que tu entendras pourra être nouvelle ou bien ce sera la même. Tu ne peux discerner la guidance par l'instruction. Tu discernes que c'est une guidance, car elle est basée sur le ressenti de non-peur.

Tu es à présent un étudiant du *ressenti*, pas de la pensée. Tu apprends à t'ajuster à un niveau vibratoire, non pas à comprendre par la pensée. Apprends à ressentir et à faire des ajustements fondés sur ce ressenti. Garde l'esprit centré sur l'instant présent. Tu ne peux rien ajuster quand l'esprit vagabonde dans le passé ou rêve du futur. Considère ton mantra comme ton outil le plus utile à présent. Utilise-le sans cesse.

Sois béni. Je suis avec toi maintenant. Je suis toujours avec toi, mais Je veux que ton esprit soit centré sur le présent. Trouve-Moi dans ce présent même. Trouve-Moi toujours dans le présent. Continue de chercher là. Restes-y. Reste dans le présent.

Quel est le désir
que je choisis vraiment ?

Question : Bonjour Saint-Esprit. Que souhaiterais-Tu nous dire au sujet des niveaux vibratoires ?

Réponse : Avant tout, Je veux vous dire que vous faites du beau travail à vous réveiller. C'est important que vous le sachiez. Vous vous réveillez. Je ne peux pas vous réveiller. Si je devais vous réveiller avant que vous ne soyez prêts, Je violerais votre libre arbitre de Fils de Dieu. Et ça n'est pas quelque chose que Je peux faire. Ça n'est pas quelque chose que Je voudrais faire. Violer la liberté, c'est détruire Dieu, et Dieu ne peut pas être détruit. Dieu est la vérité éternelle. Dieu vit éternellement libre. (Amen.)

Donc, vous vous éveillez, et vous y arrivez en utilisant des symboles. D'eux-mêmes, les symboles n'ont pas de réel pouvoir. Ils ne sont que des outils qu'on utilise au niveau de la forme. Ce qui vous réveille vraiment, c'est le désir. Quand vous voyez, à travers l'utilisation de symboles, le désir, alors vous voyez vraiment. Quand vous vous apercevez que les symboles sont des outils vides de sens, et que le désir est tout, vous vous éveillez à la puissance qu'est le Fils de Dieu.

Notre discussion sur les niveaux vibratoires est un symbole de plus. C'est un superbe symbole qui est fort utile, que Je vous encourage à comprendre, si la compréhension de ce symbole vous est utile. Si elle ne vous est pas utile, Je vous encourage à la laisser tomber. Il y a toujours d'autres symboles, et tous les symboles sont utiles quand on les utilise dans la facilité et dans la joie. Si tu te sens tendu, frustré, si tu te flagelles ou te mets à haïr, reconnais tout de suite que ce symbole n'est pas utile et lâche-le. Aie confiance que Je te donnerai un autre symbole, et un nouveau symbole te sera donné. Ou bien Je t'apporterai une compréhension du symbole en question sans que tu ressentes un effort ou une tension.

Laisse toutes choses t'être données comme un cadeau qui vient de Moi. Ne travaille pas pour te donner quoi que ce soit ; ceci ne fait que renforcer la croyance que tu es seul.

Le symbole des niveaux vibratoires est très utile, car il te montre comment tu choisis le désir et aussi comment le désir amène des effets. Choisir un désir n'est pas tout à fait conscient. Je veux dire par là que tu peux croire que tu choisis un désir alors qu'en fait tu en choisis un autre, et le symbole des niveaux vibratoires t'aide à voir quel est le désir que tu choisis vraiment dans l'instant.

Utilisons l'exemple de rechercher Ma guidance. À un niveau conscient, tu pourrais croire que tu choisis le désir de t'éveiller en choisissant de rechercher Ma guidance. Cependant, si tu juges qu'une chose n'était pas correcte, et que par peur ou par manque tu recherches Ma guidance comme correction, tu choisis en fait de te percevoir seul. Et puisque ce choix est ton désir, la perception que tu es seul en sera l'effet. En d'autres termes, tu ne connaîtras pas Ma guidance.

Quand tu choisis la perception de séparation comme façon de voir l'instant présent, tu choisis de désirer cette perception.

Permets-Moi de répéter ceci encore une fois.

Quand tu choisis la perception de séparation comme façon de voir l'instant présent, tu choisis de désirer cette perception.

Si ta pensée est : « Je suis seul. J'ai besoin de guidance », tu viens de choisir la perception « Je suis seul ». En choisissant cela, tu as exprimé ton désir. Et parce que tu le désires, telle sera ta perception.

Vois-tu comment ça marche ?

C'est pourquoi il est important que tu sois conscient de ton ressenti dans l'instant, et ensuite que tu choisisses consciemment et avec *bonne volonté* ta perception dans l'instant.

Choisir de faire confiance au mystère qu'est Dieu est une perception utile et facile, parce que c'est choisir de percevoir que tu n'es pas seul... que tu es pleinement connecté à la Totalité qui est Amour... et c'est *aussi* choisir de lui faire confiance sans besoin de la comprendre. Quand tu as besoin de la comprendre, tu écoutes en fait le doute qu'elle *pourrait* ne pas être la totalité de l'Amour qu'elle est. Quand tu choisis la perception que la Totalité de l'Amour pourrait ne pas l'être, tu choisis de désirer de la voir ainsi, et ce sera ton expérience, qui te vient par ton choix de désir.

Toutes choses te sont données parce que tu as demandé qu'il en soit ainsi.

L'ego est littéralement le *résultat* de la peur et du jugement, et donc à chaque fois que tu écoutes l'ego (le mental ou le petit moi), tu choisis de percevoir la peur et le jugement. C'est la perception que tu es seul et séparé, et cette perception te sera donnée.

Choisir de faire confiance sans savoir comment ni pourquoi... choisir de faire confiance sans avoir besoin de comprendre... c'est le niveau le plus élevé de confiance dans le monde. Quand tu choisis ce niveau de confiance, tu demandes en fait à voir la perfection de l'Amour en toutes choses. Et si tu t'accroches à ce niveau de confiance, voilà tout ce que tu verras.

Je t'ai dit que voir avec Moi est une décision de chaque instant. Peut-être vois-tu à présent de façon plus claire comment cette décision est prise. Elle est prise par ton véritable choix, de désir. Elle est prise par ce que tu choisis de croire. Elle est prise par les pensées que tu choisis d'écouter, et par les ressentis à partir desquels tu choisis de vivre. Et, à chaque fois que tu choisis de changer une habitude pour commencer à faire un nouveau choix, tu exprimes un nouveau désir et tu feras l'expérience d'un nouvel effet.

Si tu t'inquiètes, et tu t'inquiètes de t'inquiéter parce que tu as appris que s'inquiéter te maintient à un bas niveau vibratoire, choisis de *permettre ton inquiétude*. En permettant ton inquiétude, tu choisis de faire confiance à la perfection que tu es maintenant. C'est un désir de te voir différemment, et ce désir te conduira à une nouvelle façon de voir.

Le symbole des niveaux vibratoire est utile, parce qu'il te permet de voir que choisir de basses énergies vibratoires te fait chuter, alors que choisir de hautes énergies vibratoires t'élève jusqu'à une façon plus élevée de voir. Sache que derrière tout cela, il n'existe que la cause et l'effet du désir, mais il s'agit de la cause et de l'effet du désir que tu choisis réellement, contrairement à celui que tu crois choisir. Alors, il est important d'orienter ta volonté sur la conscience du désir. *Désire connaître le désir que tu choisis en étant un étudiant du ressenti.* Ressens le niveau vibratoire de ton désir plus que tu n'écoutes l'histoire qui se déroule dans ta tête. Quand tu ressens de la peur, ou bien d'autres ressentis qui sont les effets ou les fruits de la peur, sois désireux d'élever ton niveau vibratoire en choisissant une nouvelle perception.

- Choisis la perception de la confiance. Fais confiance au mystère sans avoir besoin de le comprendre.

- Choisis la perception de l'amour. Choisis de te connaître Toi-même sans besoin de savoir ce que *Toi-même* signifie.

- Choisis la perception qui n'est pas la peur. Choisis la perception de la connaissance que tu n'es pas seul.

En choisissant cela, tu désires voir différemment, et nous pourrions appeler cela « élever ton niveau vibratoire jusqu'au niveau auquel tu M'entends et Me connais »

Si vous souhaitez en savoir plus sur mon travail,
et sur *Les enseignements de l'Esprit*, rejoignez-nous
sur le site : www.laurent-e-levy.com

Si vous lisez l'anglais et désirez en savoir plus sur Regina,
visitez son site : www.reginadawnakers.com